中华文化风采录

传统建筑艺术

气派的大宅

倪青义 编著

北方妇女儿童出版社
·长春·

版权所有　侵权必究

图书在版编目(CIP)数据

气派的大宅 / 倪青义编著. —长春：北方妇女儿童出版社，2017.1（2022.8重印）

（传统建筑艺术）

ISBN 978-7-5585-0655-0

Ⅰ. ①气… Ⅱ. ①倪… Ⅲ. ①民居－介绍－中国 Ⅳ. ①K928.79

中国版本图书馆CIP数据核字（2016）第311394号

气派的大宅

QIPAI DE DAZHAI

出 版 人	师晓晖
责任编辑	吴　桐
开　　本	700mm×1000mm　1/16
印　　张	6
字　　数	85千字
版　　次	2017年1月第1版
印　　次	2022年8月第3次印刷
印　　刷	永清县晔盛亚胶印有限公司
出　　版	北方妇女儿童出版社
发　　行	北方妇女儿童出版社
地　　址	长春市福祉大路5788号
电　　话	总编办：0431-81629600

定　　价　36.00元

序言

习近平总书记说："提高国家文化软实力，要努力展示中华文化独特魅力。在5000多年文明发展进程中，中华民族创造了博大精深的灿烂文化，要使中华民族最基本的文化基因与当代文化相适应、与现代社会相协调，以人们喜闻乐见、具有广泛参与性的方式推广开来，把跨越时空、超越国度、富有永恒魅力、具有当代价值的文化精神弘扬起来，把继承传统优秀文化又弘扬时代精神、立足本国又面向世界的当代中国文化创新成果传播出去。"

为此，党和政府十分重视优秀的先进的文化建设，特别是随着经济的腾飞，提出了中华文化伟大复兴的号召。当然，要实现中华文化伟大复兴，首先要站在传统文化前沿，薪火相传，一脉相承，弘扬和发展5000多年来优秀的、光明的、先进的、科学的、文明的和自豪的文化，融合古今中外一切文化精华，构建具有中国特色的现代民族文化，向世界和未来展示中华民族具有独特魅力的文化风采。

中华文化就是中华民族及其祖先所创造的、为中华民族世世代代所继承发展的、具有鲜明民族特色而内涵博大精深的优良传统文化，历史十分悠久，流传非常广泛，在世界上拥有巨大的影响力，是世界上唯一绵延不绝而从没中断的古老文化，并始终充满了生机与活力。

浩浩历史长河，熊熊文明薪火，中华文化源远流长，滚滚黄河、滔滔长江是最直接的源头，这两大文化浪涛经过千百年冲刷洗礼和不断交流、融合以及沉淀，最终形成了求同存异、兼收并蓄的辉煌灿烂的中华文明。

中华文化曾是东方文化的摇篮，也是推动整个世界始终发展的动力。早在500年前，中华文化催生了欧洲文艺复兴运动和地理大发现。在200年前，中华文化推动了欧洲启蒙运动和现代思想。中国四大发明先后传到西方，对于促进西方工业社会形成和发展曾起到了重要作用。中国文化最具博大性和包容性，所以世界各国都已经掀起中国文化热。

中华文化的力量，已经深深熔铸到我们的生命力、创造力和凝聚力中，是我们民族的基因。中华民族的精神，也已深深根植于绵延数千年的优秀文

序言

化传统之中，是我们的精神家园。但是，当我们为中华文化而自豪时，也要正视其在近代衰微的历史。相对于5000年的灿烂文化来说，这仅仅是短暂的低潮，是喷薄前的力量积聚。

中国文化博大精深，是中华各族人民5000多年来创造、传承下来的物质文明和精神文明的总和，其内容包罗万象，浩若星汉，具有很强的文化纵深感，蕴含丰富的宝藏。传承和弘扬优秀民族文化传统，保护民族文化遗产，已经受到社会各界重视。这不但对中华民族复兴大业具有深远意义，而且对人类文化多样性保护也有重要贡献。

特别是我国经过伟大的改革开放，已经开始崛起与复兴。但文化是立国之根，大国崛起最终体现在文化的繁荣发展上。特别是当今我国走大国和平崛起之路的过程，必然也是我国文化实现伟大复兴的过程。随着中国文化的软实力增强，能够有力加快我们融入世界的步伐，推动我们为人类进步做出更大贡献。

为此，在有关部门和专家指导下，我们搜集、整理了大量古今资料和最新研究成果，特别编撰了本套图书。主要包括传统建筑艺术、千秋圣殿奇观、历来古景风采、古老历史遗产、昔日瑰宝工艺、绝美自然风景、丰富民俗文化、美好生活品质、国粹书画魅力、浩瀚经典宝库等，充分显示了中华民族厚重的文化底蕴和强大的民族凝聚力，具有极强的系统性、广博性和规模性。

本套图书全景展现，包罗万象；故事讲述，语言通俗；图文并茂，形象直观；古风古雅，格调温馨，具有很强的可读性、欣赏性和知识性，能够让广大读者全面触摸和感受中国文化的内涵与魅力，增强民族自尊心和文化自豪感，并能很好地继承和弘扬中国文化，创造未来中国特色的先进民族文化，引领中华民族走向伟大复兴，在未来世界的舞台上，在中华复兴的绚丽之梦里，展现出龙飞凤舞的独特魅力。

目录

民居第一宅——王家大院

002　王氏家族始建王家大宅
007　院内保存完整的三大建筑
028　大院的建筑装饰和文物

城堡式官宅——皇城相府

康熙名相陈廷敬的宅邸　036
陈廷敬亲自指挥扩建家园　046
陈壮履为父亲建御书楼　059

目 录

陕北大庄园——姜氏庄园

姜家父子始建姜氏庄园　064
城堡式窑洞的内部建筑　070

华北第一宅——石家大院

080　石家后人共建石家大院
084　以中甬道为中心的建筑

民居第一宅 王家大院

王家大院位于山西省灵石县城东的静升镇。此院是我国清代民居建筑的集大成者,是由历史上灵石县四大家族之一的太原王氏后裔的静升王家,于清康熙、雍正、乾隆、嘉庆年间先后建成。

王家大院的建筑,有着"贵精而不贵丽,贵新奇大雅,不贵纤巧烂漫"的特征,且凝结着自然质朴、清新典雅、明丽简洁的乡土气息。

在古建范畴,它的艺术内涵可谓贯穿种种,无所不包。它们不仅是一组民居建筑群,而且是一座很有特色的建筑艺术博物馆。

王氏家族始建王家大宅

元朝年间，在山西省灵石县的静升地区，有一个务农兼卖豆腐为生的小商贩，他的名字叫王实。

由于他为人敦厚，加之技高一筹，因此生意十分的好。生意好

王家大院内景

王家大院拱门

了,他挣的钱也就越来越多,从此以后,他的手艺便一代传一代。

到了明清时期,由于一次偶然的机遇,王家曾经捐献24匹良马支持清政府,因而受到了康熙帝的褒扬,从此借助清政府的支持,王家的生意规模逐渐扩大,资本也日趋雄厚。

在王家兴盛期间,王家族人通过正途科考、异途捐保和祖德荫袭三条途径,仅五品至二品官就有12人,其中包括授、封、赠在内的各种大夫达42人。

因此,王家由最初的平民百姓发展成为了居官、经商、事农综合型的豪门望族。据有关记载,王氏家族在明朝天启年间,经营的农业、工业和商业等均已步入了鼎盛时期。

在此前提下,由于王家受明、清两朝提倡的大家庭礼制思潮影响,从明朝至清朝,王家一代又一代在外地经商或做官的族人,和其他官商大吏一样,为了实现不忘水源木本、光宗耀祖和光耀门庭的宿愿,他们在拥有钱财权势之后,便不惜巨资在家乡富家滩镇沟峪滩村大兴土木,建造住宅、祠堂、坟茔,以及开设店铺与作坊等。

四合庭院式建筑群 简称四合院。也就是指一个院子四面都建有房屋，四周房屋，中心为院，这就是合院。一户一宅，有的一宅有几个院。合院以中轴线贯穿，北房为正房，东、西两方向的房屋为厢房，人口多时，可建前、后两组合院南北相连。

除此以外，王家还在当地办有义学，立有义仓，而且修桥筑路、蓄水开渠、赈灾济贫、捐修文庙学宫等，后又修建了著名的王家大院。

王家大院始建于明末清初，鼎盛于清朝晚期，建筑布局非常严谨，风格典雅别致，是典型的明清四合庭院式建筑群。

王家大院最早的建造工作是从村西张家槐树附近开始的。建筑工程开始之后，由西向东，从低到高，逐渐扩展，因而修建了明朝天启年间最庞大的建筑群"三巷四堡五祠堂"，其总面积达15万平方米以上。

其后，大院在清朝康熙、雍正、乾隆、嘉庆年间均有扩建，最后形成了拥有"五巷、五堡、五祠堂"的庞大建筑群。

这里的"五巷"分别是：钟灵巷、里仁巷、拥翠巷、锁瑞巷和拱秀巷。

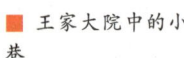
■ 王家大院中的小巷

■ 王家大院院落

"五堡"分别是：恒贞堡、拱极堡、和义堡、崇宁堡和视履堡。其中，恒贞堡又名红门堡，始建于1739年至1793年。拱极堡又名下南堡，于1753年建成。和义堡又名东南堡，与拱极堡同年建成。崇宁堡又名西堡子，建于1724年至1728年。视履堡又名高家崖堡，建于1796年至1811年。

至于"五祠堂"，现在仅有建成于嘉庆元年的孝义祠保存完好。另有主祠堂内建于1804年的戏楼幸存。

这"五巷五堡五祠堂"的庞大建筑群总面积达25万平方米以上。因此，在我国民间流传着一句"王家归来不看院"的俗语。也就是说，看过王家大院以后，别的院落就再不值得一看了。

之所以说王家大院在民居建筑中具有较高的地位，是因为王家大院在纵轴线上配置了主要建筑，然后在主要建筑的两侧或对面布置了若干座次要建筑，这些建筑组合成了封闭性的空间，形成了标准的

戏楼 又叫戏台，是供演戏使用的建筑。是我国传统戏曲的演出场地，种类繁多，在不同的历史时期，有不同的样式、特点、建造规模。最原始的演出场所是广场、厅堂，进而有庙宇乐楼、瓦肆勾栏、宅第舞台、酒楼茶楼、戏园及近代剧场和众多的流动戏台。

王家大院院落群

四合院，其模式符合民居广泛采用的四合院式的布局方法。

王家大院主体建筑采用了钢筋混凝土建造，但是内部却使用了大量的红木、柚木、楠木等高档木材进行合理装饰。

王家大院在钢筋混凝土主体结构的修建中体现出了"穿斗、抬梁"的木构架体系，达到了建筑功能、结构和艺术三者的高度统一。因此王家大院为我国民居建筑之最。

阅读链接

在王家大院所处的静升村，曾有"五里长街"和"九沟八堡十八巷"的说法，而王家至少占据了这里的"五沟五巷五座堡"，共占地面积达25万平方米，甚至超过了占地15万平方米的北京皇家故宫。

当年，王家在修建红门堡、高家崖堡、西堡子、东南堡和下南堡五座堡群时，分别以龙、凤、虎、龟、麟五种灵瑞之象建造，以图迎合天机。

即红门堡居中为龙，高家崖堡居东为凤，西堡子居西为虎。三者横卧高坡，一线排开，态势威壮，盛气十足。东南堡为龟，下南堡为麟，二者辟邪示祥，富有稳家固业传世之寓意。

院内保存完整的三大建筑

建筑规模宏大的王家大院，现在保存完整的建筑群有西大院、东大院、孝义祠3部分，共有大小院落231座，房屋2078间，建筑总面积达45000平方米，是王家大院建筑之精华。

■ 王家大院屋脊

■ 大院中的石牌坊

西大院俗称红门堡，是一处十分规则的城堡式封闭型住宅群。俯视西大院，其平面呈十分规则的矩形，东西宽105米，南北长180米，整个大院只有一个堡门、一条主街。

其中，堡门开在南堡墙稍偏东的位置，正对着城堡的主街。西大院雄伟的堡门为两进两层，一方刻有"恒祯堡"的青石牌匾镶嵌在堡门正中央，因堡门为红色，所以人们都叫西大院为"红门堡"。

堡墙外高8米，内高4米，厚2米多，用青砖砌筑。堡墙上有垛口。堡门外正对堡门的地方，有一座砖雕影壁。堡门左右及堡墙东北、西北角各有一条踏道可上堡墙。堡内南北向有一条用大块河卵石铺成的主街，人称"龙鳞街"，街长133米，宽3.6米。

主街将西大院划分为东、西两大区，东西方向有三条横巷，横巷把西大院分为南北四排。从下往上数，各排院落依次叫底甲、二甲、三甲、顶甲。一条

牌匾 我国独有的一种商业语言、文化符号。是融汉语言、汉字书法、传统建筑、雕刻于一体，集思想性、艺术性于一身的综合艺术作品。牌匾不仅是指示标志，而且是文化的标志，甚至是文化身份的标志。

纵街和三条横巷相交，正好组成一个很大的"王"字。

堡墙东北角和西北角各有更楼一座。堡内东南角、西北角各有水井一口。堡内共有院落27座，除顶甲为6座外，其余三甲均为7座，各院的布局大同小异，多数为一正两厢二进院，正面以窑洞加穿廊为主，顶层有建窑洞或建阁房的。

在西大院，大部分院落以南北中心线为对称轴，东西基本对称。也有一部分院落为偏正套院，院门偏在东南方向，院门内是一条较长的信道，信道西侧南端是通往前院的门，北端是通往后院的门。

王家大院，数经增建。西大院建成57年后，又修建了东大院，也就是高家崖堡。它始建于1796年至1811年，是一个不规则形城堡式串联住宅群。

这是王家十七世孙王汝聪和王汝成兄弟俩建成的本族最后一座古堡。据说，在明清以前，此堡所占土地为静升村中高家所有，且地名亦随高家姓氏谓之高家崖，因此，后来虽被王家造堡征占，但旧地名依然

> **窑洞** 我国西北黄土高原上居民的古老居住形式，这一"穴居式"民居的历史可以追溯到4000多年前。在陕甘宁地区，黄土层非常厚，有的厚达几十千米，我国人民创造性地利用高原有利的地形，凿洞而居，创造了被称为绿色建筑的窑洞建筑。

■ 古堡砖墙

■ 王家大院门楼

绶带 指一种丝质的带子，古代佩饰。用四种颜色或一彩的丝绦，编成一两丈长的带片样的饰物。古代帝王、百官穿礼服，均佩大绶带，垂于身后。皇帝、高级官员佩于左右腰下，和"双印"同系于革带上。此外，部分有象征意义的动物也佩戴这种饰品，如狮子或貔貅。

在民间沿用下来。

东大院的造型，传说是一只正欲飞舞的凤。仔细辨识，虽轮廓有些牵强，但也看得出几分相似。堡内共有大小院落35座，房屋342间，面积近20000平方米，是王氏家族现存宅院的精华，尤其在建筑装饰艺术上，被誉为"纤细繁密"之典范。

整个东大院建筑规模宏大，结构严谨，大院因地布局，顺势而建，主要由3个大小不同的矩形院落组成：中部是两座主院和北围院，西南部是大偏院，东北部是俗称"柏树院"的小偏院。

东大院的四面各开一个堡门。东堡门位于主院前大通道的东端，是主门，门楼三层，巨幅石雕匾额上写着"寅宾"二字，功力深厚，意为东方之神敬导日出。门前大狮子头大面宽，雄狮身佩绶带，象征好事不断，雌狮抚护幼狮，祝愿子孙昌盛。

南堡门开在主院前大通道的中间，装饰虽没有东门豪华气派，但简朴中含风韵，粗犷中有韵味。

北门开在小偏院的东北角，门楼高大坚固，供护堡人员出入。

西堡门开在大偏院的西南角，可以沟通西大院。这样四通八达，出入畅通，极为方便。

南堡门外是一条长50米、宽3米的石板坡路，直通村中的五里后街。主院前的大通道长127米，宽11米，全部用青石铺成。大通道的南面是高高的砖砌花墙，墙内建有60多米长的风雨长廊。

东大院主体建筑是中部的两座三进四合院，一座是王汝聪的住宅区，另一座是王汝成的住宅区。

王汝聪的住宅区也称敦厚宅，大门位于东南角，是一座高拔挺立的鸡头门楼。门面为单间，门楼的装饰，以木雕和砖雕为主，木构件上雕有琴棋书画和一

> **门楼** 指大门上边牌楼式的顶。是我国古代人家贫富的象征，所谓"门第等次"即为此意。豪宅的门楼建筑特别考究。门楼顶部结构和筑法类似房屋，门框和门扇装在中间，门扇外面置铁或铜制的门环。门楼顶部有挑檐式建筑，门楣上有双面砖雕。

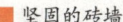
■ 坚固的砖墙

浮雕 雕塑与绘画结合的产物，用压缩的办法来处理对象，靠透视等因素来表现三维空间，并只供一面或两面观看。浮雕一般是附属在另一平面上的，因此在建筑上使用更多，用具器物上也经常可以看到。

些瓶、鼎器皿及花草之类，两侧墀头、盘头上的砖雕图案分别为凤戏牡丹和神话人物。

门前台阶之上的两边是一对威武蹲踞的石狮子，为镇宅之物。

同大门相映成趣的是一块镶在墙壁上的大型石刻影壁。壁心是狮子滚绣球，背面是牡丹、荷花、菊花、梅花四季花卉，配以公鸡、鸳鸯、鹌鹑、喜鹊，寓意为"功名富贵，鸳鸯贵子，安居乐业，喜上眉梢"。

从石雕影壁西折，便是敦厚宅的前院，这里是主人的社交活动空间，按传统风水"坎宅巽门"修建，南房和东西厢房是佣仆居住的，北房则是高级过厅。

在北房过厅前走廊内有一座浮雕，造型精细。第一层平面阳刻团花底纹，第二层是主体物，有佛手、荷叶、折扇贝叶等吉祥物，第三层是琴棋书画等。

在这个三面檐廊的四合院里，当数上屋会客厅

■ 错落有致的大院布局

■ 王家大院建筑

装饰讲究。屋宇三间七架结构，明间大于次间，每间都装有隔扇门窗，外有帘架，架心依次雕有"指日高升""岁寒三友""玉堂安居"木雕图案。

厅前檐廊是由雀替与额枋组成的三层高浮雕挂落，集吉祥花草、祥云蟒龙、琴棋书画、钟鼎彝尊等艺术图案为一体。

敦厚宅的后院为王汝聪的生活区，具有私密性、隐蔽性。

从前院进入后院有两个途径：一是出正厅后门，经过一个狭窄的条带小院进入；一是从前院东侧的小偏门出去，绕小巷北边的另一道门而入。

这后一道门是"条带小院"，它把前院和后院既隔离，又连接在一起，是一个过渡性的空间。在此小院的南面是一座两厅一院的三元书院。

明间 建筑名词。即外间。一般比里间大而敞亮。建筑正中一间称明间，宋代称当心间。其左、右侧的称次间，在外的称梢间，最外的称尽间，九间以上的建筑增加次间数。敦厚宅内会客厅的明间上有门窗雕刻，最具特殊。

■ 王家大院围墙

三元书院又叫丽正书塾，是供少爷们读书的地方，厅舍不大，朴实简陋，没有任何华丽的装饰，是一处很适合读书的僻静所在。房子分南、北两厅，门枕石是老鼠拉葡萄，象征子孙兴旺，蔓延不断。

书房院后是一座七门三院的厨院，也就是王家人用餐的地方。这里有"内三外四"七道门。

那么，为什么会有七道门呢？这是说院内不同身份的人要走不同的门，而且在不同的餐厅吃饭，主人在后院楼上的高雅餐厅里，高等用人在中院，扛粗活的长工则是在三等院里。

敦厚宅后院的正面是五间窑洞，这是长辈们居住的地方，东西厢楼一层是儿孙居住的地方，二层是专为小姐设计的闺房。在正窑和厢窑间隔的东、西两侧，是上绣楼的台阶。

主窑二层正窑是子乔阁，阁中供奉着太原王氏鼻祖王子乔的塑像。这种布局方式在清代封建社会宗法礼教制度下，便于安排家庭成员的住所，使尊卑贵贱有等，上下长幼有序，内外男女有别。

敦厚宅后院的装饰和前院也基本相同，可以说是

门枕石 俗称门礅、门座、镇门石等，是门槛内、外两侧安装及稳固门扉转轴的一个功能构件，因其雕成枕头形或箱子形，所以叫门枕石。古时候的门没有铰链、合页等，是靠门枕和连楹来固定门扇的，如果没有门枕来抵住门框，开关门扇时就会摇晃不定。

一座艺术殿堂。窑腿子上的石雕,是博古图案,分别有瓶、鼎、爵、尊,配以戟磬如意等民间杂宝,表示爵位高升,吉庆如意。

东西厢房石雕稍小,上面刻有琴棋书画、四季花卉,这里的木石砖雕,造型雍容大方,庄重严整,古色古香。

柱顶石上绘有佛家八宝、道家八宝、民间八宝和麒麟送子、狮子滚绣球,其中仙鹤表示长寿,四艺隐含儒雅,八仙表示神仙降临,万事亨通。整个院落可以说是片瓦有致,寸石生情。

东大院内的王汝成住宅区,也称凝瑞居或府门院,此院落与敦厚宅的建筑格局及功能大致相同,只是在部分建筑的形式上有所区别。

最明显的差异是两座住宅大门的设置截然不同。因为王汝成的官做得比哥哥大,王汝聪官居五

> **绣楼** 我国古代少女专门做女红的地方,绣花或者织荷包,是一个劳动的场所,休闲的场所,还是一个学习技能的场所或者艺术创作的场所,那是属于女人一生的生活。

■ 王家大院石桥

■ 王家大院的《猴子摘桃》雕塑

品，门楼看似高大，却为单间；王汝成官高一品，较之老大家，门楼虽低矮一些，但面阔三间，很是气派。

再者，王汝聪的宅居显得华丽张扬，王汝成的宅院则含蓄低调，但文化积淀丰富，甚有品位。

凝瑞居主体建筑坐北向南，冬可敞南户，夏可开北窗。此院是严格按照封建等级制度建造的，呈中轴对称型，大门三间两厦，门前檐柱上雕饰有佛手、仙桃和石榴，象征着多福多寿多子。

在此宅院的正门外是座精美的单间双柱木牌楼。牌楼为悬山屋面垂花梁架，梁柱面雕琢繁冗，带有明显的乾隆风格。牌楼上悬一匾，上书"桂荣槐茂"。与牌楼相对的是凝瑞居的大门，门额上面有一块写着"凝瑞"两字的匾额。

门前的门枕石、上马石、拴马桩一应俱全。柱子上的楹联为：

仰云汉俯后土东南西北游目骋怀常中意；
沐烟霞披彩虹春夏秋冬抚今追昔总生情。

五品 指我国古代官位的一个级别。属于中级官员，一般是州级官员，如清朝的直隶州知州就属于正五品。正五品其上是从四品，其下是从五品，但唐朝、高丽王朝及朝鲜王朝的正五品分上下，朝鲜王朝的正五品属于参上官。

院内布局，由于大门开间设置的原因，与敦厚宅前院所不同的是没有南厅，但有两个对称敞亮的耳房，一左一右，与中间的府第门和仪门形成三间两厦结构，加之整体装饰连中有分，分连得体，看上去很有特色。

北面是高级客厅，高大雄伟，肃穆庄严，装饰虽少，分量却重。檐柱柱头有彩绘"出将入相"，大有"侯门深似海"的感觉。

檐前柱顶石，须弥座造型上下分5个层次，分别雕以鹿、兔、羊、猫、鹌鹑、大猴背小猴，寓意平安高寿，增福进禄，辈辈封侯。

客厅正面柱上的楹联为：

> 听汾思波涛天下唯心路须静；
> 望绵知崎岖世上岂蜀道才难。

耳房 指正房或厢房两侧连着的小房间，这两个小房间不论是进深还是高度都偏小，如同挂在正房两侧的两只耳朵，故称耳房。如果每侧一间耳房，两侧共两间，即称三正两耳；如果每侧两间，两侧共四间耳房，则称三正四耳。

■ 王家大院的传统建筑

垂花门 我国古代建筑院落内部的门，因其檐柱不落地，垂吊在屋檐下，称为垂柱，其下有一垂珠，通常彩绘为花瓣的形式，故被称为垂花门。它是四合院中一道很讲究的门，它是内宅与外宅的分界线和唯一通道。

凝瑞府客厅，上方一匾写有"诗礼传家"4个大字，寓意为"让儒家的经典和道德规范世代相传"。

客厅的后面是雕刻精致的垂花门，上面雕饰有凤凰牡丹、狮子滚绣球，门匾额上写"天葩焕彩"，是歌颂主人似初绽花蕾，光彩四射，也是对垂花门及后院绚丽多彩的精雕细刻艺术的赞美。

凝瑞宅后院，是主人居住和活动的院子，分两层，是下窑上房的结构。

正面窑房的两柱上的楹联为：

邀造化孝祖先飞鹏起凤；
枕丘山面溪水卧虎藏龙。

窑门上方有一"德高望重"的匾额，寓意屋内住着王家的长辈。

■ 王家大院凝瑞府客厅

■ 王家大院的建筑群

　　凝瑞宅后院的结构和敦厚宅后院大致相同,也是一层为典型的窑洞住房,二层厢房为小姐绣楼。

　　这里的正窑顶层是祭祖阁,阁内装有神龛牌位和塑像,是专门供奉祖先阴灵的地方。

　　凝瑞宅后院没有敦厚宅后院宽敞,正面窑洞比老大家少了两孔,东西厢楼底层亦少了檐廊装置。这是为什么呢?

　　据说是因为弟弟不愿意超越兄长的缘故。但凝瑞宅后院的雕刻却比敦厚宅更加别具一格。院内无论墙基石还是墙壁,无论窗棂还是挂落、柱础石以及两侧绣楼台阶的石栏板等,都从不同侧面展示了古人精美绝伦的雕刻艺术。

　　其中最引人入胜的是分别筑砌于正窑和厢窑基座上的10块规格相同的墙基石,高1.6米,宽0.6米,厚0.3米,上面依次刻着五子夺魁、吴牛喘月、麒麟送

> **神龛** 也叫神椟,是放置神佛塑像和祖宗灵牌的小阁子。神龛的大小规格不一,依祠庙厅堂宽狭和神的多少而定。大的神龛均有底座,上置龛。神像龛与祖宗龛形制有别:神像龛为开放式,有垂帘,无龛门;祖宗龛无垂帘,有龛门。

■ 王家大院书房

子、飞马报喜以及"二十四孝"中行佣供母、乳姑奉亲等图案。

这些雕刻造型生动逼真，线条自然流畅，人物神采奕奕，具有很强的立体效果，真可谓石雕艺术中的上乘之作。

同时，从正窑到厢窑的窗棂上，还有显露出其艺术魅力的木雕，有《一品清廉》《喜鹊登梅》《玉树临风》《杏林春宴》等数幅画图组成的窗户小景，画龙点睛，使后室之内有虚有实，有情有景，情景交融，趣味横生。

不过，在凝瑞宅众多的雕刻艺术中，最为著名的还是养正书塾的石雕门框。

养正书塾在凝瑞居厨院的南侧，是主人的生活区

> **二十四孝** 本是指由元代郭居敬辑录古代24个孝顺父母的故事，编制成的故事集。由于后来的印本大都配以图画，故又称《二十四孝图》。后来在我国传统的木雕、砖雕和刺绣上，常见这类题制的图案。

和连接前后主院必经的中间小院。

书院窑门两旁柱子上的楹联为：

万卷诗书四时苦读一朝悟；
十年寒窗三鼓灯火五更明。

在书塾窑门两侧，还各有一个有趣的石雕，石础基上的石雕形象是两只大小猴子，它们都紧捂着耳朵，寓意为"两耳不闻窗外事，一心只读圣贤书"。

在书塾内，有被誉为国内石刻艺术极品的石雕门框。它是用4块青石相拼而成的。

底部寿石盘根，两侧竹竿节节拔高，顶部松竹梅高低错落，交相辉映，上面有一只喜鹊，像是在叽叽喳喳地报着喜讯。

此石雕门框构图完整，造型奇特，形神兼备，创意绝佳，颇有明代学者解缙"门前千竿竹，家藏万卷书"的意蕴。

据说，曾有一位南方商人愿意以一辆小轿车的高价换取这个石雕门框。

养正书塾内十分幽静，关上院门就会隔绝外面的喧嚣，有与世隔绝之感。书

石础基 房柱下的基石。石础是柱与地面的衔接部分，其作用之一是将柱身承担的整栋建筑重量分布到地面上。作用之二是高出地面的石础，既可防潮，又可避免木柱受损。王家大院内的石础基石壁上均有精美的石刻，并且，在石础基上还有不同的动物石雕，非常珍贵。

■ 王家大院"品行兼优"牌匾

■ 王家大院廊柱上的楹联

塾中不但摆设雅致,还用一些对联等文字加以烘托,如:

东壁图书府;
西园翰墨林。

勤能补拙课子课孙先课己;
学可医愚成仙成佛且成人。

东大院西南部的大偏院是由两座花园式庭院组成的,一座是王汝聪兄弟俩共同所有的桂馨书院,另一座是王家的花院"叠翠轩"。

桂馨书院为王家高级书斋,分前、中、后3个院,其建筑特点与两主院大相径庭。

整座书院房屋低矮,阳光充足,院落杂错,连环

> 王梦鹏 字六翮,号竹林,山西省灵石县人。据说,此人曾是王家举足轻重、德高望重之人物,一生以"孝义"两字闻名朝野,其书法技艺亦颇有影响。他一生不倦,精于诗书,翰墨出众,教授乡里诸生,多成材者,曾焚契赈饥,广得美誉,为此,后人在王家大院内为其建有孝义祠。

紧套。外观极其平淡简朴，毫不引人注目。然而，当走进简陋的小门后，却是另外一番天地。

对称的"映奎"月洞门和"探西"月洞门，与门匾刻有"桂馨"两字的正门鼎立呼应，前院十字花径，东西沟通月洞门，南北连接廊亭与后院。

在这块幽雅别致的小天地里，南面廊亭下珍存着12块双面书法石刻，称俗"石书"。上面的笔迹出自王家第十五世王梦鹏之手。

由前院到后院正屋，要经过三级台阶，寓有"连升三级"之意。

后院分上、下两院，由一道女儿墙相隔，中央台阶两边紧贴隔墙的望柱为"辈辈封侯"雕刻，底座是浅浮雕"渔樵耕读"四逸图，为简洁朴实的书院涂染了富有教化意味而传神的一笔。

在此书院西边，便是花院"叠翠轩"，在此院落的西南角西堡门顶上有一瞻月楼，洞门上有"云桥"

望柱 也称栏杆柱，是栏板和栏板之间的短柱。望柱有木造和石造。望柱分柱身和柱头两部分；柱身的截面，在宋代多为八角形，清代望柱的柱身，截面多为四方形。望柱柱身各面常有海棠花或龙纹装饰。柱头的装饰，花样繁多，常见的有龙纹、凤纹、云纹、狮子、莲花、葫芦。

■ 书房内的陈设

> **斗拱** 我国建筑特有的一种结构。在立柱和横梁交接处，从柱顶上加的一层层探出成弓形的承重结构叫拱，拱与拱之间垫的方形木块叫斗，合称斗拱。它既是承重构件，又是艺术构件，它的应用使建筑形成"如鸟斯革"的态势。

二字。瞻月楼上有一亭，名为"瞻月亭"。亭中有两联，其一是：

　　欣临亭中品茗醉；
　　稳坐台上对弈迷。

其二是：

　　仰观碧落星辰近；
　　俯瞰尘寰栋宇低。

挺拔俊秀的瞻月亭，斗拱叠出，飞檐四挑，亭基是砖砌玉壁，台阶是石雕栏杆，是花院的主要景观之一。

穿过亭下的垂花门，门内有石雕垂带踏跺，上面是月洞门，如同云梯托着一轮明月冉冉升起。

■ 书房内的古朴布局

■ 王家大院木窗

进月洞门内是一个不足20平方米的小院，里面有三间小窑洞，这里是花房和花窖。

在正窑与厢房之间，有东、西两个砖券小洞门，东洞门平直通向桂馨书院的后院，西洞门比东洞门高出两级台阶，里面隐藏着一个不大的精舍小院，如果稍不留意，是很容易被忽略的。

据说，花院和精舍小院过去常年陈设着四季花卉，专供家人茶余饭后赏玩消遣，尤其是僻静幽深、藏而不露的精舍，还是主人怡心养神和著书立说的最佳地方。

此外，在花院大门旁的屋内有一个地窖，明为花窖，实为暗道，是用来防御不测的。一旦堡内被兵燹或歹人围定，便可由此逃走，避过劫难，化险为夷。

踏跺 踏跺有垂带踏跺和如意踏跺两种形式。都是用条石砌筑的。踏跺指的是条石踏步，又称"级石"。垂带是在踏跺两侧由台基至地面斜置的条石。有垂带的台阶称为垂带踏跺。有的台阶不做垂带，踏步条石沿左、中、右3个方向布置，人可沿3个方向上下，这种台阶称为如意踏跺。

砖雕 是由东周瓦当、汉代画像砖等发展而来。在青砖上雕出山水、花卉、人物等图案，是古建筑雕刻中很重要的一种艺术形式。主要用来装饰寺、庙、观、庵及民居的构件和墙面。

在东大院内，除了中间的两座主院和西南部的大偏院，东大院主院正北的后院还有一座由一排13孔窑洞组成而又分隔为4个小院的护堡院。

整个东大院和西大院东西对峙，一桥相连，其总的特点是：依山就势，随形生变，层楼叠院，错落有致，气势宏伟，功能齐备，基本上继承了我国西周时业已形成的前堂后寝的庭院风格。

再加上匠心独运的砖雕、木雕、石雕，总体看起来装饰典雅，内涵丰富，实用而又美观，兼具南北情调，具有很高的文化品位，是国内目前不可多见的传统民居建筑。

在位于东大院和西大院之南，与两座城堡建筑呈"品"字形排列的是王家大院的孝义祠，也称王氏宗祠或王家祠堂。

孝义祠包括孝义坊和孝义祠两部分，是为乡举孝义王梦鹏而建。据说，王家当年有牌坊15座，仅有孝义坊保留下来，始建于1786年。

这座青石牌坊是孝义祠较有气势的建筑。高大的三间四柱牌坊，前后共有10只石狮抱鼓，呈俯卧状，很有气势。

孝义祠建于1796年，分上、下两层，总面积428平

■ 王家大院前石狮子

王家大院中的屋脊装饰

方米,楼上为祭祖堂、戏台,楼下陈列王家宗祠、坟茔模型以及记载王梦鹏一生善行的立体雕塑,艺术价值极高。

由于王家的老祖宗王实是靠卖豆腐发家的,为此,在王家大院里,王实用过的卖豆腐的扁担一直作为王家的传家之宝,被放在王家的祠堂内。而且在王家的西大院内,还保留有醋坊和豆腐坊。

王家祠堂作为王氏先祖灵魂栖息的家园,已有数万名海外王氏后裔相继到此观光并拜祖敬香。

阅读链接

据说,王家大院的红门堡本名恒贞堡,那么,为何又叫红门堡呢?这里有一则趣闻。

传说,恒贞堡内的"平为福"院建成之后,院主人王家十六世孙王中极,为图大吉大利,听信阴阳先生,将大门漆为红色,不料有人告发其犯上,惹来了祸端。

好在王家朝中有人,消息灵通,在朝廷查办人员到来的前一天夜里,王中极已将大门改漆为绿色,免去了一场祸患。

从此,恒贞堡便有了红门堡的俗称。

大院的建筑装饰和文物

王家大院庭院

从明万历年间至清嘉庆十六年,王氏家族的住宅,随其族业的不断兴盛,在村中,由西向东,由低到高,不断延伸,渐修渐众,建造了总占地面积达25万平方米之巨的王家大院建筑群体,远比占地15万平方米的北京皇家故宫庞大。

这座古老的建筑群不仅是清代民居建筑的集大成者,还是一座具有精美装饰的建筑。王家大院建筑装饰的典范,主要体现为屋面、

■ 王家大院中的盆景

建造外和建造内3部分。

　　通常屋面建筑中的屋顶为一栋建筑物的帽子，因此在装饰上也很有讲究。王家大院内很多房子采用的是鹿纹瓦当，其材料为小青瓦。

　　鹿被看作善灵之兽，可镇邪。鹿又象征长寿，"鹿"与"禄"谐音，象征富贵，故蝙蝠、梅花鹿、寿星合起来叫作"福、禄、寿三星"。

　　但不同的精美图案各有不同的意义，龙凤象征夫妻恩爱、松鹤象征长命百岁、蝙蝠象征福运将至、凤凰牡丹象征富贵安康、鲤鱼跳龙门象征仕途通达。

　　王家大院中山墙顶部的山尖通常做成"五花山墙"。这种山墙是传统的建筑形式之一。在悬山山墙上部，随排山各层梁及瓜柱而呈现阶梯形结构。

　　它随屋顶的坡势层层迭落。一般迭落两三次，每层在墙头上用小青瓦做成短檐和脊，脊上青瓦竖立排列，尽端处起翘反卷。脊下两侧是短短的瓦垅，沟头

故宫 位于北京市的市中心，旧称紫禁城。于明朝永乐十八年建成，是明、清两代的皇宫，无与伦比的古代建筑杰作，世界现存最大、最完整的木质结构的古建筑群。故宫全部建筑由"前朝"与"内廷"两部分组成。

■ 精美的石雕

滴水，一应俱全。这种逐层迭落的山墙被当地称之为"三花山墙"或"五花山墙"。

其中五花山墙最重要的功能是防火，以免一间房子失火，殃及附近住宅，所以"五花山墙"别称"封火墙"或"风火墙"。

王家大院的建造外是指其四合院外墙面的装饰。王家大院外墙面全部采用石材雕刻装饰，包括屋柱、窗等。牢固耐用，内外对称。

王家大院的建造内是指其四合院外墙内的装饰，包括除"大木构架"以外的木构件，如梁枋、楣罩、琴枋、雀替、擎檐撑、门、窗、罩、栏杆和裙板等构件。这些木构件一般使用驱邪祈福的图案较多。

其中以人物为题材的有蟠桃盛会、文王访贤、麻姑献寿、郭子仪上寿图等；以祥禽瑞兽为题材的有龙、凤、狮子、麒麟、鹿、鹤、喜鹊、蝙蝠、松鼠和

> **雀替** 指我国古建筑的特色构件之一。宋代称其为角替，清代称为雀替，又称为插角或托木。通常被置于建筑的横材梁、枋与竖材柱的相交处，作用是缩短梁枋的净跨度，从而增强梁枋的荷载力；减少梁与柱相接处的向下剪力；防止横竖构材间的角度之倾斜。有木雀替和石雀替两种。

鱼等，并组成丹凤朝阳、狮子滚绣球、五蝠捧寿、凤穿牡丹、喜鹊登梅图等。

但王家大院内的房屋装饰以暗八仙和佛八宝为题材的较多，其寓意为求仙得道。洞门和窗格也有以宝瓶形和葫芦形的洞门，寓意为平安、多子多福和吉祥。

据传，王家大院选用宝瓶和葫芦形状为洞门，是因为"瓶"的谐音为"平"，因此宝瓶形洞门象征平安。

葫芦为八仙之一铁拐李的法器，又是传统画老寿星手中之物，葫芦繁殖力很强，结果时十分繁茂，有"多子多福"的象征意义，葫芦被民间视为吉祥物，因此葫芦形洞门具有多子多福和吉祥之意。

王家大院的窗格图案以绵纹和动植物相配合而成，如梅花和竹衬以冰裂纹，象征春天到来，万物生机勃勃。

王家大院的装饰意义广泛，因而王家大院被象征为商人的精神世界和处世哲学。同时它也有别于其他的古典园林，还被象征为文人的精神世界。

在王家大院中，最能体现文人的精神世界的就属其

> **八仙** 民间广为流传的道教中的8位神仙。"八仙"之名，明代以前众说不一。有汉代的八仙、唐代的八仙、宋元时的八仙，所列神仙各不相同。至明代吴元泰在《八仙出处东游记》即《东游记》中把八仙定为：铁拐李、汉钟离、张果老、蓝采和、何仙姑、吕洞宾、韩湘子和曹国舅。

■ 大院中的古筝

■ 王家大院石雕

匾额了，在整个大院中，凡堂必有楹联，凡门户必有匾额。其质料大多数为木材质，少数是砖石刻成。它们诗书气华，无一雷同，字数寥寥，意境悠远。

所有匾额不仅增添了宅院的儒雅之气，还赋予每幢院落妙不可言的精魂神韵，驻足品味，令人叫绝，其书写，有行书，有隶书，有篆体，有章草；其造型，有竹型联、秋叶额、书卷额、折扇额。

其内容，或颂德，或言志，或垂教，如"映奎""桂馨"，期盼科考顺利，出类拔萃；"观我""视履"，警示个人要时刻规范自己的行为；"就日瞻云"夸示谒见皇帝之荣耀等。

这些形制不大的装饰品，仿佛无处不在的精灵，多少年来，默默地以不同的形态点缀着古朴而堂皇的王家大院，作为文化的象征，使得以商发家的王家有了品位。

> **行书** 在楷书的基础上发展起源的，介于楷书、草书之间的一种字体，是为了弥补楷书的书写速度太慢和草书的难以辨认而产生的。"行"是"行走"的意思，因此它不像草书那样潦草，也不像楷书那样端正。实质上它是楷书的草化或草书的楷化。楷法多于草法的叫"行楷"，草法多于楷法的叫"行草"。

在王家大院，除了这些与众不同的建筑装饰，还有一批珍贵的文物珍藏品。包括明清时期著名书画家郑板桥的手书楹联，祁隽藻的门匾，傅山与刘镛的条幅，唐伯虎与文徵明的绘画，翁方纲的石刻、木匾等。这些名人真迹之所以见之于王家，与其家族的历史背景有着密切的关联。

据《王家族谱》中记载，王家在清康乾嘉鼎盛时期，在外为官者与上流社会及书画名家多有来往，而且过从甚密。故而，在当时求得几幅名家墨宝自在情理之中。这些藏品，有的木匾、石刻仍在门额上镶嵌着，有的存放在展柜里供游人参观。

从价值意义上看，它们虽经历了二三百年风雨的侵蚀，但魅力依然，价值更高。

同时，在王家的西大院内，还有一批珍贵的明清家具，造型简洁，雕刻精美，充分展示了优质木材的

祁隽藻（1793-1866年），字叔颖，一字淳甫，避讳改实甫，号春圃、息翁，山西寿阳人。清朝大臣，三代帝师，四朝文臣。其书法由小篆入真行，师承二王，出颜柳，参以山谷，深厚道健，自成一格，为清代中晚期著名书法家，有"一时之最，人共宝之""楷书称首"的赞誉。

■ 王家大院远景

王家大院中的瓷器

质地、色泽和纹理的自然美。

另外，在王家大院内还有很多当时保留下来的奇花异草，它们主要有丁香、金桂、银桂、榆叶梅、海棠、山桃花、夹竹桃、杜鹃花、栀子等。树多为枣树、槐树和石榴树。

这些植物不仅为王家大院增添了不少活力和生命，还成为王家大院里不可或缺的重要组成部分。

在王家大院中，不仅有着古老的奇花异草，而且有着"贵精而不贵丽，贵新奇大雅，不贵纤巧烂漫"的建筑，因此在古建范畴中，王家大院的艺术内涵可谓贯穿种种，无所不包，继而更是有着"民间故宫"和"山西的紫禁城"的美誉。

阅读链接

在王家大院内珍贵的物品中，还有两件稀世之宝：一件是《大清万年一统天下全图》，一件是清光绪年间的一张组合式红木雕花"龙凤床"。

据考证，前者除北京故宫和王家所存之外，目前在国内还没有再发现。后者被国家文物部门鉴定为上品级的重点文物，现在已被视为王家大院的镇宅之宝。

这两件珍贵的文物是王家珍藏的精华。

城堡式官宅 皇城相府

皇城相府位于山西省东南部的晋城市北留镇境内,是清康熙年间的名相陈廷敬的故居,又叫"午亭山村"。

皇城相府建筑群分内城和外城两部分,有院落16座,房屋640间,总面积36580平方米。内城始建于1632年,有大型院落8座,为明代建筑风格。

外城完工于1703年,建有前堂后寝、左右内府、书院、花园、闺楼、管家院、望河亭等,布局讲究,雕刻精美。

康熙名相陈廷敬的宅邸

地处太行山腹地的山西省阳城县北留镇，有一座城堡式建筑群，它依山而筑，城墙雄伟，房屋朴实典雅，错落有致。它便是我国清朝康熙皇帝的老师、《康熙字典》的总裁官、文渊阁大学士光禄大夫兼吏部尚书、清代名相陈廷敬的故居皇城相府。

■ 皇城相府正门

■ 陈廷敬墓地

说起陈廷敬,他可是我国清代一位了不起的人物。

据说,陈廷敬原名陈敬,祖辈为郭峪村名门望族,1658年,年仅20岁的陈敬考中进士,因为同榜进士中有两位陈敬,为易于区分,顺治皇帝在朝廷上亲自为其更名,在他的名字中间加上了一个"廷"字。

古人相信,人的名字可以决定他的人生际遇,顺治皇帝的这一小小改动,便成为这位新科进士人生命运的重大契机。

此后的54年间,陈廷敬平步青云,喧极一时,成为康熙皇帝的政治导师与肱股重臣,先后封官晋爵28次,作为一个汉族人,历任除兵部以外的其他五部尚书、侍郎等职。

由于陈廷敬与康熙皇帝有师生关系,为此,康熙帝对老师极为重视,并曾两次去陈廷敬的宅邸做客。

光禄大夫 官名。大夫为皇帝近臣,分为中大夫、太中大夫、谏大夫,无固定员数,亦无固定职务,依皇帝诏命行事。汉武帝时改中大夫为光禄大夫,为掌议论之官,大夫中以光禄大夫最显要。西汉后期,九卿等高官多由光禄大夫升迁上来,皇城相府的主人陈廷敬便担任过此官。

■ 皇城相府城防

陈廷敬的宅邸，原名"中道庄"，康熙帝光临此地后，为它赐名并亲笔御书"午亭山村"。后人习惯称它为"皇城相府"。

这座宅邸是一座枕山依水、坐东朝西的小城。该城由内城和外城组成。在陈廷敬出生前，这里的内城便已存在。

据说，这里最初只是一座官宦府宅，始建于明宣德年间，由陈廷敬的太祖父、明嘉靖朝陕西按察使陈天佑建于17世纪初。后来，又由陈廷敬的伯父陈昌言于1633年，为避难而扩建，名为"斗筑居"。

内城城墙东西相距约70米，南北相距160米，设五门，墙头遍设垛口，重要部位筑堡楼，并在东北、东南角制高点建有供奉义士关公塑像的春秋阁，以及供奉我国古代传说中主宰文运功名的神祇文昌帝塑像的文昌阁。

城墙内四周设有藏兵洞，也称屯兵洞，总共5层125间窑洞，用砖石砌就，是内城核心防御建筑河山楼的附属工程。

藏兵洞因地制宜，层层递进，洞间三五相连，层间暗道相通，出入方便，直达城头。攻防兼备，主要在战时用来安置家丁和垛夫。

按察使 我国古代官名。唐初仿汉刺史制设立，主要任务是赴各道巡察，考核吏治。由宋代提点刑狱演变而来。"按察"相当于古代的"陈臬"，因此按察使又叫"臬台"。清代省级地方官员分二司，分别是布政使和按察使，俗称藩台，同为省长。皇城相府的创始人便担任此官职。

内城北部便是河山楼，建于1632年，是皇城相府的标志性建筑，也是皇城相府中最高的建筑。

河山楼高达七层，含地下一层，楼平面呈长方形，长15米，宽10米，高23米。楼外墙整齐划一，内部则逐层递减。整个河山楼只在南向辟一拱门，门设两道，为防火用。

外门为石门，门后施以杠栓，可同时容纳千余人避难，如此的高度与规模在明清建筑中极为少见。更为难得的是，这样一座砖石高层建筑，历经近400年的风雨沧桑，仍旧巍然屹立，雄踞一方，周边至今没有超越其高度的建筑。

作为一座民用军事防御堡垒，河山楼的设计非常科学，考虑极为周全。河山楼三层以上才设有窗户，进入堡垒的石门高悬于二层之上，通过吊桥与地面相通。

第三层中间的窗户，也与别的不同，据说，此口是河山楼的通道，有人出入河山

> **吊桥** 又称悬索桥，由悬索、桥塔、吊杆、锚锭、加劲梁及桥面系所组成。由承受拉力的悬索作为主要承重构件的桥梁。吊桥的跨越能力是各种桥梁体系中最大的。按加劲梁的刚度，吊桥又可分为柔性与刚性两种。

■ 高大的河山楼

■ 皇城相府内的雕塑

楼,可以从此口放下软梯,供人攀爬出入。

在河山楼的楼顶,还建有垛口和堞楼,便于瞭望敌情,保卫城堡,底层深入地下,开辟有秘密地道,便于转移逃生。河山楼内还备有水井、碾子、石磨等生活设施,储备有大量粮食,以应付可能出现的长期围困。

河山楼虽因避战乱而兴建,但其在和平时期,却仍可作观赏览胜之用,故而又名"风月楼"。

除了藏兵洞和河山楼,在皇城相府的内城建筑,还有祠庙、民宅和官宦私邸3类。这些建筑风格迥异,其中,祠庙建筑有陈氏宗祠,民居有麒麟院、世德居和树德居,官宦私邸有容山公府和御史府等。

陈氏宗祠里面供奉的是陈氏先祖的牌位。祠堂正门的两侧悬挂着一副后来乾隆皇帝对陈家明、清两代

碾子 用人力或畜力把高粱、谷子、稻子等谷物脱壳或把米碾碎、把麦子碾成粉的石制工具。由长约70厘米、直径约60厘米的圆柱形碾砣子和承载它的直径约170厘米的碾盘构成。碾盘架在石头或土坯等搭成的台子上。

人才辈出高度概括的对联：

德积一门九进士；
恩荣三世六翰林。

麒麟院是皇城相府最早期的建筑，它创建于明宣德年间，曾经数次改修重建，最终形成后来的格局。

在1632年，陈氏一族避难于河山楼时，将器具、马匹均藏于该处，幸免于劫，为此，陈氏族人认为此地乃祥瑞之所，又因此院门边的石兽和门前的影壁均有麒麟图案，俗称"麒麟院"。

麒麟院的正堂里面挂着一块匾额，上面写着遒劲有力的3个大字"荣德宫"。

麒麟 亦作"骐麟"，简称麟，是我国古籍中记载的一种动物，与凤、龟、龙共称为"四灵"。因为古人把麒麟当作仁兽、瑞兽，所以在我国古代神话传说中被誉为神仙的坐骑。皇城相府中的麒麟院中，有很多以此动物为原型的石刻图案。

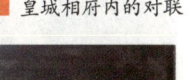
■ 皇城相府内的对联

■ 皇城相府一角

内城民居世德居，又名世德院，由3个院落构成，建于明正德年间，距今已有400余年，是皇城相府内现存最早的建筑。

明朝末年，陈廷敬的父亲陈昌期成为这里的主人，1638年，陈廷敬出生在该院。

世德居为东西向的两个并列四合院，主院由正房、厢房和倒座围合而成。正房为三层楼房，采用"明三暗五"形式。第一层的西房为陈廷敬的出生地，第二层为藏书楼，第三层为藏版楼。

厢房和倒座均为二层楼，院落四角为封闭或开敞的天井。

这种建筑形制极其独特，与我国云南"合五天井"民居有某些类似之处。院内地面以素砖枵条石铺筑，主院西北天井辟门与偏院相通，门内不设影壁。

陈廷敬出生后，与他的8个兄弟及堂兄陈元先后在这里接受陈昌期的儒学教育，并走上仕途，为此，世德居被誉为陈氏家族兴旺繁荣的发祥地。

树德居，又名树德院，位居内城之东北角，建于明嘉靖年间。院落大体形制均与世德院类同。偏院布

> **明三暗五** 我国古代民居常见的一种形式。是五间房，中间三间房是通的，从外表看，中间一扇门，两旁两扇窗，左、右两间卧室比中间三间长，并且左、右两边各有一扇门。如此一来，从正面看，就像是3个门，而从后面看，则是5个门。

局同主院基本相同。

内城的官宦私邸容山公府坐北朝南，由前、后两进院落组成。每院一正两厢，所有房屋均为硬山式双层出檐屋顶，前院为会客室，后院为内宅。是陈氏六世祖、陈家家族中第一位进士陈天佑的府第，别称"肃政廉访"。

内城的另一官宦私邸御史府，是陈廷敬的伯父陈昌言的故居。因其官职为都察院御史，故称御史府。由于地理位置有限，御史府的主体建筑被建成并列两院，左为庭堂，右为内宅。正门楼牌上记有"台谏清风"4个大字，见证陈氏一族光明磊落、清正廉洁之气节。

陈昌言是陈氏家族的第二位进士，他的儿子陈元，则是陈家的第四位进士。

内城城门上的"斗筑可居"匾额即是陈昌言的手笔，"斗筑"的意思是说城堡狭小，形似斗状，"可居"表示保安求全安身之地。

这4个字充分表达了遭逢乱世的陈氏家族对平安生活的渴望与祈盼。

除了御史府，在相府内城，陈廷敬的伯父还有一座名为"中和居"的院子。此

> **都察院御史** 都察院是我国明清时期的官署名，是由前代的御史台发展而来，主掌监察、弹劾及建议。都察院的长官为左、右都御史，下设副都御史、佥都御史。又依十三道，分设监察御史，巡按州县，专事官吏的考察、举劾。

■ 皇城相府中的小巷

■ 皇城相府"中和居"门额

院不大,是个典型的四合院,大门门楣上,挂着一块写有"中和居"3个大字的匾额。院内的一间正房和两间厢房均为面阔三间的二层楼建筑。

据说,陈昌言一生信奉"中和"两字,所以将自己的院子命名为中和居。特别值得一提的是,在相府内城,还有一座著名的止园花园,这是陈氏家族最大的一处园林,占地近11000平方米,院内有小亭、池塘、假山和廊道,是相府主人经常召集文人墨客饮酒作诗和陶冶情操之地。

在此花园内,还有一座书院,名为南书院,又名"止园书堂"。此书堂创建于清顺治年间,为两进院落,规模宏大,主体建筑是一座三层楼,两旁的厢房为两座二层楼。此地是皇城陈氏子弟们学文习儒科举仕进的摇篮。

《康熙字典》
一部采用部首分类法,按笔画排列单字的字典。全书分为12集,以12地支标志,每集又分为上、中、下3卷,并按韵母、声调以及音节分类排列韵母表及其对应汉字,共收录汉字47035个,为汉字研究的主要参考文献之一。清朝康熙年间,张玉书、陈廷敬等30多位著名学者奉旨编写。

再说辅佐康熙51年的陈廷敬，他不仅是一位为奠定康乾盛世做出重要贡献的政治家，更是清初的大学者，除了自己的《午亭文编》等多部著作传世之外，还负责主持编撰了我国历代收字最多的《康熙字典》，他的儿子陈壮履也参与了这一文化工程，父子同修一部字典，一时被传为佳话。

陈廷敬一生备极荣恩，康熙皇帝称其为"全人"，在花甲之年还为其御笔题写了"午亭山村"的匾额和楹联：

春归乔木浓荫茂；
秋到黄花晚节香。

并对陈廷敬表示，这是他最后一次为臣子题字。由此可以看出，陈廷敬在康熙帝心目中的地位是非常重要的。

阅读链接

据说，皇城相府的另一名称为"黄城"。传说，陈廷敬当朝廷官员以后，常住在北京，而他的老母亲非常想去北京看他。陈廷敬考虑到母亲年事已高，千里奔波难免劳顿，于是就说："不用来了，我在中道庄给您修一个小北京就行了。"

于是，陈廷敬便在陈家内城的基础上修建了一座外城。外城的城墙按照北京城墙修建。不久，朝中有人弹劾说，陈廷敬在家乡修建皇城，意图谋反。

听说皇上要调查此事，陈廷敬马上派人提前赶回，将城墙全部涂成黄色。调查官员回京后禀报，陈廷敬修的只是黄城而已，陈氏家族于是化险为夷。

陈廷敬亲自指挥扩建家园

话说，在陈廷敬当上朝廷命官以后，家族兴旺，在这种情况下，陈廷敬又开始组织人员在紧依内城西墙的基础上扩建了外城，并于1703年全部完工。

皇城相府中的书房

这座外城基本呈正方形，比内城略短，城内主要建筑有外城城门和相府大院等。

外城城门也叫中道庄，也是皇城相府的正门，城门上有3块匾：竖匾、中匾和下匾。意思是说，相府的主人历来恪守儒家的中庸之道，"中"者，不高不下，不偏不倚。

其中，竖匾上写着"相府"二字；中匾写着"天恩世德"，意为上承皇恩，广积世德，1699年由陈廷敬直接嵌于庄门上；下匾则为"中道庄"三字。

■ 皇城相府匾额

在城门的大门上，还有七七四十九个铜制门钉，这表明陈家只比皇家少一排铜钉，地位仅次于皇族。由于这座城门名为中道庄，所以，后人也习惯称相府的外城为中道庄。

相府大院，是陈廷敬的宅第，又名"大学士第"，俗称宰相府或相府院，这是一处坐北向南的一进四院。整个建筑布局为前堂后寝、小姐院、西花园和管家院等。

在相府院的最前方，是一座面阔3间的"冢宰第"大门，门额上写有"冢宰第"3个字，其中"第"是封建社会贵族官僚的宅院，因此"冢宰第"

门钉 在我国的古建筑中，尤其在北京的宫殿、坛庙、府邸等古建筑的大门上，都有纵横排列的门钉。这些门钉不仅是装饰品，而且体现着封建的等级制度。在我国古代，以"九"为大、为尊，所以皇家建筑的每扇门的门钉是横九路、竖九路，一共是九九八十一个钉。

■ 皇城相府"大学士第"

是指相府院。最初在相府院的大门上只挂有"冢宰第",4年以后,陈廷敬官拜文渊阁大学士兼吏部尚书,于是又在大门上换成了"大学士第"的匾额。

由于陈廷敬又担任了都察院左都御史,所以在"大学士第"匾额之下,又立有一块"总宪府"匾额。

相府院的第一大门高大,威严壮观。在此门后面,有一个雕工精美的影壁,正中雕刻的是"麒麟吐玉",寓意陈氏子孙后代繁荣昌盛、吉祥如意。

影壁两边的民间八宝和四艺吉祥图案,显示出主人的风雅、高贵和门第的尊荣显赫。其中民间八宝是8种民间传说中的祥瑞之物,是指和合、玉鱼、鼓板、盘、龙门、灵芝、松与鹤。四艺是指琴、棋、书、画这四门技巧。

影壁东折为一狭小庭院,东侧为如意门,门内通往东书院,南面为一倒座,北为相府的二门,即所谓的仪门。

> **吏部尚书** 我国古代官名,是吏部的最高长官,为中央六部尚书之首。掌管全国官吏的任免、考课、升降、调动、封勋等事务。唐宋是正三品,明朝是正二品,清朝为从一品。通常称为天官、冢宰、太宰。

这仪门面宽3间，中间的门是正门，是主人和贵宾的通道，平时关闭，只有在皇帝驾临或朝中一定级别的官员造访时，才开启通行，寻常文武百官和普通人只能从两侧的偏门，按照左文右武的顺序出入。

仪门顶屋檐下，清楚分明地悬挂着"相府"牌匾，门额正方镶嵌着"天恩世德"四字，意思是皇天恩宠，陈氏家族世代以德相报。

仪门的内侧还设有八字砖雕影壁，分别为鹿、鹤、桐、松、花、鸟图形，寓意六合同春，禄在眼前，福寿双全，松鹤延年。

相府大院的大门和二门的位置不在同一中轴线上，这是因为陈廷敬修建府第时是按照前堂后寝、东书院、西花园的格局修建，因此当地老百姓称之为"皇城小故宫"。

> **松鹤延年** 常出现于我国古代房屋建筑当中。其中"松"是百木之长，长青不朽，是长寿和有志有节的象征。而"鹤"为长寿之鸟，被视为高洁、清雅的象征，因此松鹤延年表现出祈福祝寿之意。

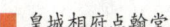
■ 皇城相府点翰堂

■ 皇城相府砖雕

相府院二门内为一宽敞的方形庭院，正北大堂为相府大院的主要建筑。

这大堂原是相府的会客大厅，自从康熙皇帝御赐"点翰堂"匾额后，改名为"点翰堂"。大厅上方悬挂着3块匾额，中间的一块是"点翰堂"3个大字，是康熙三十九年御赐的龙匾。

在点翰堂匾额下，还放着一个古色古香的屏风，雕刻之精细、做工之精美，足见陈廷敬为官时，其风光的一面，同时可以看出，陈廷敬的博学多才和极高的艺术鉴赏水平。

据说，陈廷敬不仅为官清正，而且对于国之方略、天文地理、风土人情、古代文明，及诗歌作赋，都很在行。

点翰堂是翰林院掌院大学士点定文章的地方。这是康熙皇帝对陈廷敬多次作为会试主考官，为国家大量选拔栋梁之材的褒奖。

"点翰堂"两边的御匾"博文约礼"与"龙飞凤舞"均是康熙御赐。

"博文约礼"是康熙皇帝赞美陈廷敬文学才华博大精深，以礼自重，品格高尚。而"龙飞凤舞"则是

屏风 古时建筑物内部挡风用的一种家具。屏风作为传统家具的重要组成部分，历史由来已久。屏风一般陈设于室内的显著位置，起到分隔、美化、挡风、协调等作用。它与古典家具相互辉映，相得益彰，浑然一体，成为家居装饰不可分割的整体，而呈现出一种和谐之美、宁静之美。

称誉陈廷敬的人品及其书法气韵奔放、舒展洒脱，并含有龙为君，凤为臣，凤随龙舞，君臣和睦，纲常有序的寓意，反映了陈廷敬与康熙皇帝浓浓的师生情谊与君臣关系。

在此御匾的两边，还有陈廷敬外出时康熙皇帝赐给他的半副銮驾，由此可见康熙皇帝对陈廷敬的信任和器重。

屏风左、右两边，还有陈廷敬任各部长官时的官阶牌，表明陈廷敬一生忠于朝廷，勤于政务，多次被皇帝委以重任。

相府东房是陈廷敬的起居室，陈廷敬在长达53年的京官生涯中，只回过3次家，均在此居住。

西房是陈廷敬的书房，桌上放有文房四宝，墙上挂着用红木做的梅、兰、竹、菊墙屏4块，象征着主

> **文房四宝** 我国古代独有的文书工具，即笔、墨、纸、砚。文房四宝之名，起源于南北朝时期。"文房四宝"不仅是具有极强的实用价值的文具用品，也是融合我国绘画、书法、雕刻、装饰等为一体的艺术品。

点翰堂内景

■ 皇城相府厅堂

人严谨自谦、做人为官的品德。同时，在此室内南侧还放有琴、棋等，显示出了陈廷敬除了有高超的文学素养之外，琴、棋、书、画也样样精通。

相府正厅往北为相府后院，院内的正房中间，挂着康熙皇帝中年时的一幅画像，这幅画像以及两边的诗作，都是康熙皇帝赐给陈廷敬的。

据说，康熙两次来皇城相府，都是在此室会见当地官员的。陈氏后人，为纪念皇恩浩荡，特将康熙所住之所，保存原样。作为帝王的临时居住地，这间屋内陈设虽说大为精简，但气派却是富丽堂皇，所用之物也甚为讲究。

相府后院的东厢房有陈廷敬的诗作和书法。西厢房摆放的是陈廷敬在朝为官期间所写的给皇上的奏折。

相府后院，还有一个西侧门，从此门进入，可通

脊兽 我国古代建筑屋顶的屋脊上所安放的兽件。它们按类别分为跑兽、垂兽、"仙人"及鸱吻，合称"脊兽"。其中正脊上安放吻兽或望兽，垂脊上安放垂兽，戗脊上安放戗兽，另在屋脊边缘处安放仙人走兽。

往陈廷敬3个女儿居住和活动的地方——小姐院。

院内的北房是陈家小姐的起居室小姐绣楼，东西厢房则是女仆和贴身丫鬟的住处。其中，小姐绣楼屋顶的建筑式样，叫作"卷棚顶"，前后屋坡的相交处呈弧形曲面，没有屋脊和脊兽，好像一张巨大的弓俯卧在屋顶上。

我国传统建筑中屋顶的形式很多，总共有7种，分别是庑殿顶、歇山顶、悬山顶、硬山顶、攒尖顶、卷棚顶和盝顶。其中以重檐庑殿顶和重檐歇山顶的等级最高，其次为单檐庑殿顶和单檐歇山顶。

卷棚顶是等级较低的一种形式，但是它线条柔和，造型优美，常被用在皇家园林建筑中，在传统民居建筑中是很少见的。

小姐院采用卷棚顶的屋顶形式，有两层寓意：一方面寓意着陈家子女必须温柔贤淑、恪守妇道；另一

> **庑殿顶** 即庑殿式屋顶，由于屋顶有四面斜坡，又略微向内凹陷形成弧度，故又常称为"四阿顶"，宋朝称其为"庑殿"，清朝称其为"庑殿"或"五脊殿"。庑殿顶最早出现于先秦时期。在商代的甲骨文、周代铜器、汉画像石与明器、北朝石窟中都有反映。

■ 皇城相府中的书斋

皇城相府外围的高墙

方面显示出陈家崇尚男尊女卑的封建伦理道德观念。

小姐院的南房为过厅，与风景优美的西花园相通。西花园也称慕园，"慕"在这里意为依恋、思念。

这个园子，是陈廷敬为去世的父亲而修建的，因位于宰相府西侧，故也叫西花园或后花园。

后花园的大门是一个月亮门，内有假山、鱼池、回廊、花圃交相辉映，面积虽小，但构思巧妙，建造精美，是小姐们吟诗作画与鼓瑟抚琴的地方。

在这个小姐院内，还有一个可以通往外城墙的踏道，从踏道上去，便是外城墙的望河楼，楼上有一亭，名为望河亭。

这是相府的女眷们观赏城外风光的亭台。在我国古代，受传统礼教约束，大家闺秀不得随便出入居所，为排解心中郁闷，女人们只好站在亭内远望相府外的景色，因此取名为"望河亭"。

在相府院内，还有一座管家院，是相府管家办事和居住的地方。这里的房舍均为单层结构，简洁质朴，与装饰华美的主体建筑形成鲜明的对比，使封建社会"尊卑有分，上下有序"的传统礼制观念得到充分的体现。

管家院的门楣上镌刻"笃诚"两字，这是相府选拔管家人才的用人标准。此外，在管家院的旁边，还有一座东书院，是陈氏家族子弟读书学习的场所。

书院是一座坐北面南的两进院落，但在前、后两院的东南角上各有一个大门，看起来好似两个各自独立的四合院。

纵观整个相府大院，院内斗拱、门窗、楼栏、影壁、柱础等装饰构件工艺精湛，雕工极佳，整个院落气势不凡，富丽堂皇，风格幽雅别致，成为一处"宫文化"的封建礼制与地方传统工艺完美结合的典范。

清朝康熙年间，在陈廷敬扩建了相府的外城的第二年，陈廷敬又命人在外城的城门内，修建了一座功德牌坊。

此牌坊建于1704年。牌坊为四柱三楼式，楼柱两侧置夹杆石，下枋上雕二龙戏珠，其上花坊、中枋直至定坊均饰吉祥图案，高浮雕。各枋间施牌匾和字牌。牌坊中间嵌板上为"冢宰总宪"4字，边楼

> **门楣** 就是正门上方门框上部的横梁，一般是粗重实木制就。古代按照建制，只有朝廷官吏所居府邸才能在正门之上标示门楣，一般平民百姓是不准有门楣的，哪怕主人是大户人家，富甲一方，没有官面上的身份，也一样不能在宅门上标示门楣。

■ 皇城相府绣楼

■ 皇城相府后花园

吻兽 又名鸱尾、鸱吻，一般被认为是龙生九子中之一，平生好吞，即殿脊的兽头之形。在我国古代建筑中，"五脊六兽"只有官家才能拥有。是泥土烧制而成的小兽，被请到皇宫、庙宇和达官贵族的屋顶上。由于它喜欢东张西望，经常被安排在建筑物的屋脊上，作张口吞脊状，并有一剑以固定之。

分刻"一门衍泽"与"五世承恩"。

"冢宰"是宰相的别称，为百官之首。"总宪"是都察院左都御史的别称。

在"冢宰总宪"下方有四格文字，从下至上分别镌刻着陈廷敬及其父亲、祖父、曾祖父的官职和功名，其中最为显赫的就是最下方一格陈廷敬所任官职的具体名称。定枋上施仿木构斗棋屋檐，正脊两端设吻兽，脊刹饰麒麟。整座牌楼看起来雄伟庄重，制作精美。

在离这座楼牌的不远处，还有两柱一楼式小牌楼，规模和装饰虽较逊色，但在大牌楼建成之前，仍不失为陈氏家族光宗耀祖、传世显荣的一个主要标志性建筑。

建筑这座牌楼的时间要追溯到陈廷敬乡试中举之年。其正面刻有"陕西汉中府西乡县尉陈秀"至"儒林郎浙江道监察御史陈昌言"等6人的名字和官职，而背面则刻有"嘉靖甲辰科进士陈天佑"至"顺治丁酉科举人陈敬"等6人的科举功名。

其中，陈天佑是陈氏家族中的第一个进士，他的爷爷陈秀则是陈家历史上第一个外出做官的人。而陈昌言则是在陈廷敬之前家族中最大的官，先为明朝御史，后入清廷，担任提督江南学政，不仅文章做得好，字也写得十分漂亮，同时在皇城内城中还存有很多出自他手笔的碑文。

提督 我国古代武职的官名。负责统辖一省陆路或水路的官兵。提督通常为清朝各省绿营最高主管官，称得上是封疆大吏，若以职能分，提督分为陆路提督与水师提督，掌管区域达1~2省，数万平方千米，甚至数十万平方千米。

1704年，陈廷敬在相府内扩建了外城以后，整个相府的总面积达到36000多平方米，有大型院落19座，房屋880余间，设9道城门，四通八达，形成了外城抱内城，内外连环套，稳固保安全的坚固堡垒，城墙总长1700余米，平均高度12米，宽2.5~3米不等，城楼、堞楼、角楼相互关照，垛口星罗棋布，组成了

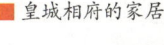
■ 皇城相府的家居

一道坚固的防御线。

整个皇城，包括内城"斗筑居"和外城"中道庄"，从整体平面来看，似一头北尾南的神龟，虽不能说惟妙惟肖，却也轮廓鲜明，因而又有"龟城"之说，寓千年永固之意。

整个皇城相府的建筑特征是：依山就势，随形生变，层楼叠院，错落有致，古朴庄严，浑厚坚固。

作为明清时期的礼制性建筑，皇城相府内的每一座院落、每一处建筑都包含着深厚的文化内涵。然而，就建筑本身来讲，由于时跨明、清两代，故而表现出明显不同的风格。

因此，内城为明代遗构，其建筑设计古朴粗犷，浑厚坚固，给人以奇特的神秘之感。外城为清代所建，其建筑布局沿袭了清代前堂后寝的规则，并在建筑风格上彰显了"正一品光禄大夫"的尊贵，给人以富丽堂皇的印象。

这些古老的建筑，被誉为"东方古堡""中国北方第一文化巨族之宅"，给中华民族留下了一笔丰厚而值得研究的历史文化遗产。

阅读链接

在皇城相府一角，有一座小楼，名为"悟因楼"，这是陈廷敬的第二个儿子陈豫朋的女儿陈静渊居住和生活的地方。关于此楼的修建，还有一段极为悲凉的故事。

陈静渊自幼聪颖，才华出众，是康熙年间山西两位著名女诗人中的一位。她17岁时嫁给河北沧州官至礼部郎中的卫封沛。但不料婚后两年，丈夫便暴病而亡。陈静渊料理完丈夫的后事，含泪回到了娘家，打算重新组合自己的家庭，开始新的生活，但她的父亲却决不允许自己的女儿重嫁他人。

为了让女儿不再有"非分"之想，陈豫朋专门在陈家相府内修建了"悟因楼"让其悟却前因。最终，陈静渊在悟因楼抑郁而死，年仅22岁。

陈壮履为父亲建御书楼

1712年,皇城相府的主人陈廷敬病危,康熙皇帝遣太医前往诊视。

一个月后,陈廷敬病逝,终年73岁。康熙率大臣侍卫祭奠,并令各部、院的满、汉大臣前往吊祭。康熙皇帝还亲笔写了挽诗,赐祭葬典礼,十分隆重,谥为"文贞"。

后来,陈廷敬的三儿子陈壮履为了纪念父亲,在相府外城的城门外,修建了一座飞檐走壁的"御书楼"。

此楼于1714年修成,因楼

皇城相府砖画

内珍藏有康熙皇帝御笔而得名。在御书楼上方有"午亭山村"匾额，左、右两边还有康熙皇帝晚年为陈廷敬所题的楹联：

春归乔木浓荫茂；
秋到黄花晚节香。

"午亭"是陈廷敬的晚号，用他的晚号为其故居命名，是康熙皇帝对陈廷敬作为辅弼良臣的最高奖赏。在"午亭山村"匾额上方还有一块玉玺大印，上面刻有"康熙御书之宝"。

御书楼，面宽3间房，进深2间房，单檐歇山顶，上面覆盖着与故宫相同的明黄色琉璃瓦，端庄富丽，金碧辉煌，体现了皇帝御赐无与伦比的尊贵。

当时康熙皇帝已年近花甲，这些是他的封笔题字，并且这楹联也有着深刻寓意，是说陈廷敬青壮年的时候，事业有成，就像浓荫翁郁的乔木一样，是国家的栋梁之材。

陈廷敬去世后，他的家人把他的遗体埋放在位于皇城相府北约

皇城相府《午壁林泉》

■ 皇城相府御书楼

500米处的静坪山坳，这块墓地后来被命名为"紫云阡"。

此墓地占地16000平方米，主要建筑有石牌坊、御书挽诗碑亭、10通高大的神道碑、4对石像和陈廷敬坟墓等。

其中，挽诗碑和十通神道碑林上面镌刻着朝廷对陈廷敬卓越功绩的屡次表彰及逝世前后特殊礼遇的记载。

后山静坪红叶如画，是旧时皇城八景之一，环境幽雅，肃穆壮观。

皇城相府历史人文底蕴厚重，保存完整的康熙帝在陈廷敬病重期间和病故后亲赐的御碑，表达了康熙对陈廷敬的敬重，是对陈廷敬生荣死贵的最好记录。这里，御碑之多、御书之富、保留之完整，为

石像生 也称"翁仲"，是我国古人在陵墓前安设的石人或石兽的统称。一般多设置在古代帝王陵墓前。这种做法开始于秦汉时，此后历代帝王、重臣沿用不衰。石像生的作用，主要是显示墓主的身份等级地位，也有驱邪、镇墓的含义。

皇城相府紫云阡碑林

国内少见。它不仅是一幅古代"自然山水画",更是一座具有强烈人文精神的东方古城堡。

这里虽然没有桂林山水的清灵秀美,没有泰山的挺拔巍峨,没有故宫的庄严神圣,但是中华文明古国的一个缩影,这里有着许多引以为豪的历史遗迹,这里就是依山就势、宏伟壮观的皇城相府。

阅读链接

据说,皇城相府中的御书楼是相府众多建筑中规格最高的建筑。为什么这样说呢?这里有3个原因。

第一是因为它的所在位置在相府中,处于最"抢眼"的第一高。

第二是它的名字"御书"二字,和其他的同类建筑相比,此名字的地位也处于最高。

第三是此建筑屋顶覆盖的琉璃瓦是与故宫相同的明黄色,这种瓦的使用也是非常特殊了。

陕北大庄园 姜氏庄园

　　姜氏庄园，位于陕西省米脂县城东的桥河岔乡刘家峁村，是陕北大财主姜耀祖于清光绪年间投巨资，历时16年亲自监修的私宅。

　　姜氏庄园砖、木、石三雕艺术十分讲究，整座庄园无处不雕，无处不琢，大至整个建筑设计，小到各个微小装置，都有数不尽的"雕"艺术，这些都充分说明庄主的聪明才智和文化内涵，体现出独具匠心的建筑工艺和历史艺术价值。

姜家父子始建姜氏庄园

姜耀祖是我国20世纪初时,陕北一带富甲一方的大财主,他拥有土地上万亩,年贮粮数千石,可谓财源广进,积蓄丰厚,但姜家的兴旺不是起自姜耀祖,而是始于其祖父姜安邦。

窑洞人家

■ 窑洞民居

据说，姜安邦务农出身，特别能吃苦。起初在陕北米脂县杨家沟地主马良家揽工干活，勤勉谨慎，深得主家好感，主家决定把女儿许配给姜安邦为妻，并资助其一些钱物。

姜安邦有点资本后，一是扩大商业经营，加快周转；二是放高利贷；三是借灾年粮贵地贱收买土地。其鼎盛时期独自占有土地约800万平方米。

在姜安邦发家致富期间，他还生养了4个儿子，前三子无后，只有第四子姜锦塘有继。分家时，姜锦塘分得部分土地和大部分产业。

姜锦塘和他父亲一样，不仅精明能干，而且勤俭节约。家中虽有雇工干活，但自己从来都不摆出少爷的架子，而是和雇工一起上山劳动，一起修缮窑洞。

在辛勤劳动下，他不仅聚敛了很多财富，而且

千石 石是我国古代的一种单位。用于容量单位，十斗为一石；用于重量单位，120斤为一石；用于地积单位，具体数量各地不一，有以十亩为一石的，也有以一亩为一石的。千石作为粮食单位，为12万斤。

■ 窑洞生活

在米脂城附近的很多镇上都有他的生意。

到姜锦塘晚年时，他又喜得一子，取名为姜耀祖。因为是老年得子，姜耀祖被视为姜家的掌上明珠。

在姜耀祖很小的时候，姜锦塘就送他到私塾读书，因姜耀祖天资聪慧，过目成诵，尤其爱好诗词，被老师称为可造之才。然而很可惜的是由于姜锦塘年事渐高，姜耀祖不得不较早辍学，替老父掌管家业。

此时，姜锦塘正在做一项大工程，那就是为姜家人修建一座大宅子。

姜锦塘请风水先生勘察选址，最终选定在牛脊梁向阳山湾作为姜氏庄园的基地，并于1871年破土兴工。

由于姜锦塘年老体衰，不胜操劳，当自己的儿子

私塾 我国古代社会一种开设于家庭、宗族或乡村内部的民间幼儿教育机构。它是旧时私人所办的学校，主要以儒家思想为中心，它是私学的重要组成部分。清代地方儒学有名无实，青少年真正读书受教育的场所，除义学外，一般在地方或私人所办的学塾里。

开始掌管家业以后,他便把庄园的修建事项交付于姜耀祖实施。

姜耀祖雇用了县内东乡马鸣骏、王宝贵、李凤飞等许多能工巧匠。普通工匠主要是本村农民,通常上工数十人,用粮食当工钱,加上人工伙食,一年耗粮食上千石。

庄园建造前,施工人员先削崖劈山,再打井砌墙,由下而上依山傍岭逐层修建。

姜耀祖不仅聪慧达观,而且在修建中,他还经常遍访各地的名门豪宅和晋中富室,汲取各处优秀的建筑特点,并和自己请来的大匠师们边设计边兴造,为此,庄园的一切布置都别出心裁,巧妙地将陕北黄土高原传统的窑洞结构与京城、晋中的四合院模式融为一体,逐步形成以窑洞四合院为主体的建筑群体。

> **风水** 本为相地之术。相传风水的创始人是九天玄女,比较完善的风水学问起源于战国时代。风水的核心思想是人与大自然的和谐,早期的风水主要关乎宫殿、住宅、村落、墓地的选址、坐向、建设等,是选择合适的地方的一门学问。

■ 陕北窑洞

涵洞 设于路基下的排水孔道,通常由洞身、洞口建筑两大部分组成。其作用与桥相同,但一般孔径较小,形状有管形、箱形及拱形等。此外,涵洞还是一种洞穴式水利设施,有闸门用以调节水量。

同时,姜耀祖还与各地的名匠、专家会商,设计出前有寨墙,上、中、下3层相连的套院形式,从下而上逐年有序施工。经过了16年的漫长岁月,用工约20万人,终于在1886年竣工落成。

这座庄院以石建筑为主,无论是寨墙、涵洞、拱窑的垒砌,道路、台阶、院落的铺设,石锅台、石炕栏、石床、石仓的安置,还是门墩石狮、门额石刻、穿廊挑石的精雕,石水槽、石鱼水道、石马槽、拴马桩的雕刻,都达到了出神入化的境界,无不体现石料的合理应用和工艺处理。

其水磨砖雕人物形象、鹤鹿松竹、流云花草、造型图饰,皆栩栩如生,活灵活现。门庭木刻彩绘花形、窗棂窗扇、枋额匾牌,也都与主体搭配得宜。

庄院采取北京四合院构造,结合陕北窑洞特色而建。它磅礴大气,集实用性与艺术性于一体。其设

■ 姜氏庄园内景

窑洞土坑

计巧妙，施工严密，布局合理，浑然紧凑，对外严于防卫，院内通连方便，室内冬暖夏凉，起居舒适得宜，是西部高原窑洞建筑的光辉范例，石雕砖雕与木刻砖塑建筑艺术的集中展示，让陕北民间工匠技术在这里得到了高度发挥。

姜耀祖一生最大的建树就是修造了这座耗粮上万石的大型庄园，因为此庄园是作为姜家人的私宅而修建的，为此，大家称它为姜氏庄园。

此庄园建成的数十年间，主要由姜耀祖及其子孙居住。

阅读链接

据说，姜氏庄院的所在地米脂县内的姜姓始祖为姜弼臣，字思政，华阴县东班庄人，本是一位技艺高超的木匠，在明嘉靖年间因故流落米脂，住县城南文屏山下的南寺坡，娶妻班氏。

300多年后，姜氏已繁衍到几十世，后人遍及米脂附近的刘家峁、姜兴庄、桥沟、沙坪上、七里庙等十几个村庄。

刘家峁村以姜姓住户为主，族系纷繁，第十二世姜耀祖是重要一支。

姜耀祖的曾祖父姜怀德是姜家的第九世，据说，他年轻时曾中过武举。

城堡式窑洞的内部建筑

姜氏庄园位于陕西省米脂县城东的桥河岔乡刘家峁村,是陕北地区最大的财主姜耀祖于清光绪年间投巨资、亲自监修的私家宅院。

此庄园依山就势,背山面水,负阴抱阳,规模宏大,占地面积达

■ 姜氏庄园生活复原模型

姜氏庄园生活复原模型

26000多平方米，由上、中、下三院和碾磨院、葡萄院、鸡鸭棚、库房、井楼、炮台和寨墙等部分组成，整个建筑为砖石结构，是全国最大的城堡式窑洞庄园。

庄园有365个台阶，此台阶的数目正好是一年的天数，具有一年四季天天吉祥、岁岁平安、步步登高之美意。

整座庄园的寨墙都是用大石块所砌成的，其寨墙高9.5米，宽24.3米，在寨墙的下方还有一座石拱形寨门，门额上方镶有姜耀祖手书的"大岳屏藩"4个石刻大字，其字体遒劲浑厚，寓意为庄园有如大岳一般的屏障，可以保障庄园的绝对安全。

另外，这4个字还巧妙地隐含了两代主人的名字。其中"岳"字隐喻了姜耀祖，"藩"字隐喻了姜耀祖的长子姜树藩，而"大"在这里作形容词，喻示主人有大山一般的实力和气度，能"福泽子孙，荫庇后世"。

进入寨门最先看到的是东侧一孔与寨墙连为一体的井窑，此井窑高5米，东西宽4米，在其上方还横置两根木椽，此木椽是主家乘坐的轿子闲置时，为了防止潮湿而设计在空中的吊放梁架，并且在梁架的

■ 民居窑洞

顶部还箍有两个石锁。

那么，为何梁架的顶部会箍有两个石锁呢？据说，姜家乃武举世家，姜耀祖为了让他的儿子习武练功，特意请来武教师，将其练武所用的沙袋吊置在这两个石锁上，因此梁架的顶部才会箍有两个石锁。

离井窑不远处，还有一口深井，井深33.3米，井口设有手摇辘轳用来汲水，水源引自山下的泉眼，十分的甘甜爽口。

关于此井口的结构于寨墙之内的深井，有着3个特殊的意义：其一不出宅院就能方便用水；其二可以保证井水卫生；其三能防止他人在井内投毒，因此即使被困宅院数月，也无饮水之忧。

深井的左边有个高1米、宽2米的巨型贮水石槽，此石槽做工精细，在石槽的顶部还留有一方口，据说是上院用人从石槽内取水的一个道口，上面同样

武举 我国古代科举考试制度中的武科，目的是选拔军事人才。唐朝时武则天于702年开始推行，考试内容包括箭、弓、刀、石等。以后宋、明、清等朝都有武举。相对于文科考试，中武举者称为武举人，武举第一则称为武状元。

装有手摇辘轳，具有二级提水的功能。

在石槽的附近还有一孔小圆窨，也就是门房。小圆窨的顶部也留有一小方口，其目的是让绳子从方口穿过，如遇匪徒、盗贼袭击时，门卫便拉响炮台上的铜铃报警，全院立即进入戒备状态或藏入窨子，由此可见，井窨整体设施，都具有双重或多重功能，可谓设计巧妙，功能颇多，匠心独运。

在井窨的北边是姜氏庄园的第一层院落——下院，此院也叫管家院，宽15.3米，深10米，是我国陕北典型的窑洞四合院。其特点是宽大于深，既敞亮、通风、纳阳极佳，又给人以恢宏大气的感觉。

下院的前方有一座用水磨青砖所砌筑的大门，猫头滴水，五脊六兽硬山顶，墀头砖雕"福禄寿喜""狮子滚绣球""五福捧寿""寿桃"等图案，雕刻精致，栩栩如生，包含了家主期盼永久富贵、延年

> **窨子** 是陕北人在山崖绝壁上开凿出的石洞，洞口很小，一般仅容一二人进出，里面却别有一番天地，小的十多平方米，大的几十甚至上百平方米不等。其悬在半山腰没有进出的路，只能靠绳索吊着出入。是用来躲避强盗、土匪的避难场所。

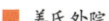

■ 姜氏外院

五脊六兽 我国古代建筑里,起脊的硬山式、起脊的悬山式和庑殿式建筑有五条脊,分别为一条正脊和四条垂脊。正脊两端有龙吻,又叫吞兽。四条垂脊排列着五个蹲兽,统称"五脊六兽"。这神兽有祁吉祥、装饰美和保护建筑的三重功能。五个蹲兽分别是:狻猊、斗牛、獬豸、凤、押鱼。

益寿、万事如意的愿望。

在大门的门额上方还悬挂着"大夫第"木雕金匾。"大夫第"这3个字,是由清朝五大书法家之一史年佑所题,可见当年的家主既有一定社会地位,同时也注重名人效应。

在门额上方不仅有木雕金匾,还有一对"寿桃"门簪,此门簪既牢固连接门杠,又起装饰作用,还具有"福如东海长流水,寿比南山不老松"之寓意,并且在门额下方的门洞两侧还有一对抱鼓石墩,此石墩与"寿桃"门簪相互对应,又称"门当户对"。

下院的正后方为三孔窑洞,是管家居住的,而两侧的六孔厢窑有的做塾房,有的供用人居住,北侧窑腿上有一小圆门是通往中院和上院的阶梯暗道,也是用人行走和小少爷们上下学的通道。

从下院的西侧经过石砌涵道,便可到达庄园的第

■ 窑洞远景图

■ 窑洞古城

二部分——中院。

庄园的中院宽18.9米，深16米，其门庭仍以水磨青砖构建，猫头滴水，五脊六兽硬山顶，脊饰"祥云瑞草"，墀头砖雕"福禄寿喜""天官赐福""麒麟送子""万象更新""缠枝牡丹"等图案，寓意福禄祯祥，子嗣兴旺，富贵不断。

中院的门内是水磨青砖影壁"旭日"门，寓意旭日普照，如日中天。栱眼壁饰砖雕"文王访贤"图案，表示家主同姜太公一样，"怀才隐居"，一旦机遇到来，便可"出将入相"。另外，姜太公在此，也有"百无禁忌，大吉大利"之意。

内额栱眼壁砖雕上有"赤炼丹心"图，从表面来看，"炼丹"是求长生不老，实则表达了家主怀有报效朝廷的一片丹心。

在中院门内的两侧还有3间大厢房，和1间小耳房，大厢房是用于接待贵客的房屋，也称东厢房，小

猫头滴水 一种土陶制品，是古人用手工捏制的房屋防雨建材。不过，它们的作用，不是主要用于来防雨，而是起点缀装饰作用的。猫头，顾名思义其形似一个猫的脸，它主要装饰在房檐上。滴水的形状像一个舌头，主要放在猫头的两边。在屋檐上设置这两个建筑，可以帮助屋顶排水。

■ 陕北窑洞

耳房是用于接待一般宾客的房屋，也称西厢房。

东厢房比西厢房稍高20厘米，这微小的尺度变化在庞大的宅群中并不明显，常人难以觉察，但是为什么要这样建造呢？据说这是按照古代"昭穆之制"，左为尊位、东为上位的习俗而作，是一种等级观念的体现，符合东大西小的理念。

在东厢房的墀头中间，还有一幅名为"鼠食葡萄"的图案，此图亦有深意，其中，鼠乃属相之首，子鼠为先，寓意子嗣兴旺，但同时它也包含"大"和"尊"的意思，而葡萄为紫色，寓意"紫气东来"，因此"鼠食葡萄"图，具有子嗣吉祥如意的含义。

沿着中院的东厢房向上走，便可到达上院。

上院为姜氏庄园的主宅，宽19.2米，深17.10米，布局为"明五暗四六厢窑"式窑洞院落，这在陕北属于最高等级的宅院。

昭穆之制 源于我国古书中的《周礼》规范。"昭穆"是古代的宗法制度，规定的就是在宗庙和墓地的一辈人和一辈人的排列次序，始祖居中，二世、四世、六世在始祖左边，为昭。三世、五世、七世在右边，为穆。

那么，什么是"明五暗四六厢窑"式窑洞院落呢？其中，"明五"是指正面台阶上的5孔石窑，也称为上窑，是主人居住的地方，它的含义为"五子登科"。

"暗四"是指上窑两旁的套院，俗称暗4间，它的含义是"四喜盈门"，是主人的厨院和库房。

"六厢窑"是指两侧的6孔窑洞，它的含义是"六六大顺"，是晚辈居住之地。这"明五暗四六厢窑"合数为十五，无论是分是合，均取单数，单数是增，双数为圆，是希望人口增加，财产增值，隐含"人财两旺"的寓意。

同时，上院属于坐东向西的方位，顶部穿廊抱厦，檐头砌"十"字花墙，每孔窑宽11尺，进深25尺，室内每孔窑都有过洞相通，并且均设有火炕、暖阁、壁橱等，看起来十分的讲究。

紫气东来 传说老子过函谷关之前，关尹喜见有紫气从东而来，知道将有圣人过关。果然不久老子骑着青牛而来。为此，古人便认为紫色是吉祥的征兆，并以"紫气东来"表示祥瑞。

■ 下沉式窑洞

不过，在上院之中最为讲究的设计是垂花门，垂花门为整座宅院的精品，属于砖木结构，其建筑特点为柱梁门框举架，双瓣驼峰托枋，同时门上还刻有雕花与彩绘，在门的上方还镶嵌着一块名为"武魁"的匾额，此匾额是彰显姜耀祖的曾祖父于1822年，高中第17名武举之荣耀。

上院之所以有如此精美的设计，是因为这里是家主起居之所，因此装修设计自然与其他院落不同，并且在院子中央还设有两张石床，石床的两侧还有家主亲手栽植的两棵老槐树。

据说，这两棵老槐树长得枝繁叶茂，绿树成荫。因此不论是烈日炎炎的中午，还是繁星点点的夜晚，家主都可以在大石床上悠闲自得、安然惬意地乘凉休息。

不过，在石床下部还凿有一座石槽，石槽内部可注入清水，不仅可以起到纳凉的作用，还可阻止各种蛇虫鼠蚁的侵扰。

由此可见，姜氏庄园的整个建筑设计奇妙，工艺精湛，布局合理，浑然一体，不仅是我国最大的城堡式窑洞庄园，也是汉民族建筑的瑰宝之一。

阅读链接

在姜氏庄园中，曾流传着一个关于"不弯腰"的故事。据说，当年修葺寨墙的一老石匠见姜耀祖从坡下走上来，想有意刁难下他，便将自己手中的钢錾落于墙下，想让姜耀祖捡起来拿给自己。

姜耀祖看到钢錾落于自己的脚前，只是"嘿嘿"一笑，对老石匠说："修这宅院我连腰也不用弯，你老慢慢歇着，歇够了自己来捡。"说罢便扬长而去。

老石匠说："这可真是不弯腰的姜财主！"

从这个故事中，不难看出姜耀祖的财大气粗，因此当年修葺此宅院，曾耗费小米9000余石，每年食盐多达1石之重。

华北第一宅 石家大院

石家大院是清末"天津八大家"之一的"尊美堂"石府宅第。石氏家族久居杨柳青,历时200多年。

从清中叶至20世纪初,其财势号称津西首富,从石万程开始发家到石元仕一代,为石家鼎盛时期。

整个大院从寝室、客厅、花厅、戏楼、佛堂到马厩,无论是通体格局、建筑风格,还是艺术装饰,都展现了丰厚的文化遗存和当时的民俗民风。

石家后人共建石家大院

　　石氏先人从山东来到天津一带操船营运,他们的生意越做越大。到1785年,石家的后代石衷一正式落户于天津的杨柳青镇。

　　随后,石衷一的儿子石万程出生。石万程从小非常聪明,长大后更是善于经营船业生意,随着石家的生意越来越大,他们家赚的钱也

■ 石家大院正门

石家大院庭院

就越来越多。

后来，到石万程之子石献廷出生后，石家已经成为了当地的望族。据说，当时的石家已有良田千余顷、房子500余间、当铺13处，加上其他财产值白银300余万两，并且石氏又有"兄弟联登"武举，其中一人考中武进士，被兵部授以官职。

石献廷在发家期间，还生有4个儿子，并把石家财产分给了这4个儿子，于是在1827年，石献廷的儿子们遵照他的遗嘱，分家另过，各立堂名。

因老大石宝福早夭，老二石宝善立长门"福善堂"，老三石宝庆立二门"正廉堂"，老四石宝苓立三门"天锡堂"，老五石宝珩立四门"尊美堂"。

福善堂、正廉堂以及天锡堂的后世子弟，由于经营不善，到清末，三门的家道先后中落。

而老五石宝珩却因治家有道，财丁兴旺，在此阶

武进士 是我国古代在文科举之外另外一种选拔武官的考试的出身制度。武进士殿试经钦定御批，分为三甲：第一甲赐武进士及第，第一名为武状元，第二名为武榜眼，第三名为武探花；第二甲赐武进士出身；第三甲赐同武进士出身。

■ 石家大院门厅

两广总督 清朝官职名称。正式官衔为总督两广等处地方提督军务、粮饷兼巡抚事,是清朝9位高级的封疆大臣之一,总管广东和广西两省的军民政务。其辖区范围、官品秩位以及归属地方编制都十分明确,在整个国家的政治生涯中发挥着重要的作用。

段,石宝珩之子石元仕出生。

1861年,石元仕科考中举,官拜工部郎中,但其以父老弟幼为由未曾到任,反而致力于家业经营。

当时,石宝珩家光是土地就有700万平方米,地跨静海、武清、文安、霸县、安次、固安等县。另外,还有当铺6处,银号、绸布棉纱庄、酱园、杂货姜厂、煤炭厂等多处工商、金融字号。

石元仕当家后,不仅注重家产积累,更善于扩大政治势力。石元仕努力结交权贵,子女多与天津官绅、豪门结姻,他自己的夫人,即是两广总督张之洞的族侄女。因此,在当地有民谣说:

杨柳青煞气腾腾,无有金銮殿,有瓦屋几层;无有真龙天子,有石元仁应漾;无有保驾的人,有保甲局服从。

由此可见，石元仕在当地是非常有声望的。

在石元仕发家致富的同时，他还将父亲的尊美堂不断扩建，成为津西第一家宅院，世人俗称"石家大院"。

石家大院大规模建筑始于光绪初年，历经十几年才建成，占地约7000平方米。整个大院被一条60米长的中轴线分开，此中轴线便是一个甬道。甬道的两侧共有四合套式12个院落，所有院落都是正偏布局，四合套成，院中有院，院中跨院，院中套院。

堂院坐北朝南，由大、小四进院落组成。东院是三套四合院，为长辈及各房子孙居所；西院建客厅、戏楼和佛堂，是会客、娱乐、祭祀之所。

大院建筑用料考究，做工精细，砖雕木刻形式多样，常用"福寿双全""岁寒三友""莲荷""万福""连珠"等喜庆吉祥图案。

从寝室、客厅、花厅、戏楼、佛堂到马厩，石家大院都展现了清末的文化遗存和当时的民俗民风，是一处有"华北第一宅"之称的晚清民居建筑群。

阅读链接

天津杨柳青不仅仅是闻名世界的年画发祥地，也是"天津八大家"之一石家大院的所在地。据说早在百年前，天津就流传：韩、高、石、刘、穆、黄、杨、益照临。

明清时期，天津海运兴旺，粮米盐业的发展使得早先祖辈从事漕运的船工们，先后发展起来。石家就是一例，祖辈贩运粮棉，利润丰厚，置房买地，号称杨柳青首富的石家当时已有万亩良田了，又叫"石万千"。

当时，石家拥有大片土地、银庄、当铺、布庄、酱菜园等，还在镇中街心建起几万平方米、有数百间房屋的建筑群。

以中甬道为中心的建筑

石家大院是清末"天津八大家"之一的尊美堂石府宅第。从北门估衣街到前门河沿街,长100米,宽70米,占地约6000平方米,其中建筑面积约2000多平方米,房屋278间,是我国迄今保存最好、规模最大的晚清民宅建筑群。

■ 石家大院中的巷道

石家大院尊美堂

从估衣街进石家大院北门，最先看见的是一条长长的甬道，这是整个大院的中轴线。甬路上有形式各异、建筑精美的5座门楼。

从南向北，门楼逐渐升高，寓意为"步步高升"，而每道院门都是3级台阶，寓意为"连升三级"。

这几座门楼中，有一座石家大院保存最为完好的中式门楼。这座门楼上有一组雕刻精美的砖雕。最上面第一组的图案叫宝象花，源于佛教，是荷花、菊花、牡丹花合为一体的想象图案；第二组砖雕刻的是两个如意，如意下是两个柿子，取谐音事事如意；第三组图案为五只蝙蝠，蝙蝠寓意幸福，中间是一个"寿"字，叫五福捧寿，寓意为五福降临，长寿为本。

石家大院是一座中式建筑群，但这个门楼却是西式的西洋式旋子门，上面还有旗子。据说，这座门楼是石家出国留学的后代修建的。在门楼后的甬道东、西两边各有五进院落。

东院为内宅，有内账房、候客室、书房、鸳鸯厅、内眷住房等，西边的院落为接待贵宾的大客厅、暖厅、大戏楼、祠堂等，现已基本

■ 石家大院家具

恢复了原有陈设。与内宅相比，这里建筑用材更为考究。大客厅院内有高近5米的大天棚，可挡风避雨，当年从镇外很远就能看到。

西院的西边还有三进院落，是私塾先生教书的专用房。

在甬道两侧，并排5道门，10个四合院。在四合院的四周还有用人住的配房，南头西拐角有月亮门和影壁，直对河沿大街。

甬道西侧是五进四合院，从北向南第一个院是北客厅及佛堂，往南是大垂花门，木刻石雕最为精美。平时此门不开，只有达官显贵才走此门，一般人只走两侧小门。此院有汉白玉条槽卧狮形大山石一对。

第二院是串廊院，南面是鸳鸯大过厅。

第三院是石家大院的三绝之一戏楼及南客厅。

其中，石家的戏楼是北方民宅中最大的戏楼，楼内大部分为木质结构，顶部由铅皮封顶，用铜钉钉成一个长长的篆体"寿"字，取"长寿"之意。

戏楼横梁下悬双雕宫灯，12根通天柱，上圆下方，取天圆地方之说。在立柱上方还悬有一圈回廊，称"走马廊"，是当年石府家丁护院警卫时所站之处。戏楼内共设120个座位，前坐男，后坐

汉白玉 一种名贵的建筑材料，它洁白无瑕，质地坚实而又细腻，非常容易雕刻，古往今来的名贵建筑多用它做原料。据传，我国从汉代起就用这种宛若美玉的材料修筑宫殿，装饰庙宇，雕刻佛像，点缀堂室。因为是从汉代开始用这种洁白无瑕的美玉来做建筑材料的，人们就顺口说成了汉白玉。

女，中间用屏风隔开，所谓"男人看戏，女人听戏"就是这样。

据说，著名的京剧表演艺术家余舒岩、孙菊仙、龚云甫都在此唱过堂会。整座戏楼集南北建筑风格为一体，主要的特点是冬暖、夏凉、音质好。

戏楼的墙壁是磨砖对缝建成，严密无缝隙，设有穿墙烟道，由花厅外地炉口入炭200斤燃烧一昼夜，冬日虽寒风凛冽，楼内却温暖如春。

到了夏天，戏楼内地炉空气流通，方砖青石坚硬清凉，东、西两侧开有侧门使空气形成对流，空间又高，窗户设计的阳光不直射却分外透亮，使人感到十分凉爽。

戏楼建筑用砖均是当地三座马蹄窑指定专人特殊烧制。经专用工具打磨以后干摆叠砌，用元宵面打了糨糊白灰膏黏合，墙成一体。

加上北高南低，回声不撞，北面隔扇门能放音，拢音效果极佳，偌大戏楼不用扩音器，不仅在角落听得清楚，即使在院内也听得明白无误。因此，石府戏楼堪称"民间一绝"。

第四院南面是专门接待贵宾的花厅。在花厅的门前，有石家的第一宝——一块"尊美堂"的匾额，它是光绪皇帝的老师翁同龢所写。客厅正中还有一尊玉石雕像，所刻

宫灯 顾名思义是皇宫中用的灯，主要是些以细木为骨架镶以绢纱和玻璃，并在外绘以各种图案的彩绘灯，又称宫廷花灯。我国彩灯中富有特色的手工艺品之一。它以雍容华贵、充满宫廷气派而闻名于世。由于长期为宫廷所用，除去照明外，还要配上精细复杂的装饰，以显示帝王的富贵和奢华。

■ 石家大院私塾

■ 石家大院客厅

的是白菜和两只狗，取"人财两旺"之意。

客厅中，隔断上的八扇屏是石家的第二宝。它表现的是四季花鸟，雕工非常精细，从玻璃两侧看这个八扇屏，所看到的图案完全一致，看似8扇，实则16面。当年，没有玻璃的时候，中间夹的是一层纱，起到"只听其声，不见其人"的作用。

这间花厅还有一个非常特别的取暖设施，就是地炉。在我国清代，只有皇宫才有地炉，而这一设施也是石家从皇宫里学来的。

房屋底下是纵横交错的烟道，将地面方砖架在梅花垛上，然后在地炉灶口放入燃烧的炭，使热气顺烟道穿过，烧热地面，而后通过暗藏的烟道排出屋外。在整个石家，只有花厅和戏楼才有这种地暖。

花厅正对着的是书房，是主人吟诗作对、读书绘

磨砖对缝 我国古建筑中的一种高级建筑工艺，即将毛砖砍磨成边直角正的长方形等，砌筑成墙时，砖与砖之间干摆灌浆，墙面不挂灰、不涂红，整个墙面光滑平整，严丝合缝。它的特点便是以木结构支撑达到了"墙倒屋不塌"的效果。

画的地方，反映了石家"学而优则仕"的期盼。

北面大厅则是陈设古玩字画的地方。

第五院是南书房，当时自设私塾，存书满屋。东边甬道有厨房、下房、车棚、马厩及护院男女用人住所。

石家大院全部建筑，用料讲究，做工精细。磨砖对缝，画栋雕梁，花棂隔扇，漆朱涂彩。在前檐与山墙交界处，从山墙向院墙伸出条状青石一块，异于别家，意为"石"家高升。

此外，石家大院的佛堂也别具一格。石家佛堂正中供奉的是观音菩萨，屋里上方供有关公像，下方供有福、禄、寿三星像。

整个佛堂为典型的抬梁式框架结构，四梁八柱。这种民宅结构非常坚固，也就是人们常说的墙倒房不塌。

石家大院共有3道垂花门，因其垂柱根据荷花的3个花期雕刻成3种不同形态的图案，分别取名为"含苞待放""花蕊吐絮""籽满蓬莲"。

第一道垂花门"含苞待放"，是3座垂花门中最讲究的一座。它的

石家大院石雕

中间有两块抱鼓石，抱鼓石外侧是象首，即"吉祥"，里侧是鹤鹿回春。垂花门木格上有四季花图案，象征走过此门，四季平安。

据说，在当年修建此门时，仅石料就用了白银500两，两位石匠精雕细刻一年才完工。

第二道垂花门"花蕊吐絮"。此门楼上方的木格中是木雕仙鹤，一共是9只，相传一只仙鹤增12岁，9只就是增寿108岁。仙鹤背面雕的是古代铜钱，所以从此门过就代表着"又增寿又有钱"。

第二道垂花门后面就是第三道垂花门"籽满蓬蓬"。它的门楼上方及垂柱两边有木雕葫芦爬蔓图案，取名葫芦万代，象征子孙万代繁衍不断。

这三道垂花门分别象征着主人一生三个美好的愿望：一年四季保平安、一代长寿又有钱、子孙辈辈永绵长。

总之，石家大院的建筑典雅华贵，砖木石雕精美细腻，室内陈设民情浓厚，素有"津西第一宅"之称。

阅读链接

石家大院主人石元仕70岁生日时，石府接朋引客，大摆寿筵，极尽奢华。不料在第二年，石元仕即背生溃疽，体弱已极，很快故去。

石元仕去世后，其家人即离开尊美堂老宅，全部迁往天津定居。后石元仕夫人去世。因其娘家势力不凡，丧事必得大办，致使家业更加一蹶不振，只好负债度日。至中华人民共和国成立前夕，尊美堂的大部分住宅已变卖他人。

1987年，西青区人民政府将"尊美堂"宅第列为区级文物，加以保护，并拨资修复。在天津市有关单位的支持和工程技术人员的共同努力下，历时6年，终于完成修复工作。

1992年，石家大院作为"杨柳青博物馆"对外开放，属天津市级文物保护单位。